Moewig

Wurzelbürste und Sodaseife

Haushaltspflege auf Großmutters Art

Verlagsunion Erich Pabel-Arthur Moewig KG, Rastatt

Originalausgabe
© 1991 by Monika Pilsl, Lustenau/Austria, und
Verlagsunion Erich Pabel-Arthur Moewig KG, Rastatt
Alle Rechte vorbehalten
Umschlagentwurf und -gestaltung:
Werbeagentur Zeuner, Ettlingen
Auslieferung in Österreich:
Pressegroßvertrieb Salzburg Gesellschaft m. b. H.,
Niederalm 300, A-5081 Anif
Printed in Germany 1991
Druck und Bindung: Dresdner Druck- und Verlagshaus
ISBN 3-8118-7203-6 (60er-Kassette)

Inhalt

Vorwort   7

Großmutters Ratschläge ...

... für Blumen und Pflanzen   9

... gegen Insekten und Ungeziefer   23

... fürs Säubern und Pflegen   33

... gegen unangenehme Gerüche   51

... für Bad und WC   57

... für Möbel und Gardinen   65

... für Fußböden und Teppiche   81

... für Heizungen und Kamine   91

... fürs Tapezieren   97

... für Fenster und Türen   105

... zum Basteln und Verpacken   111

... zur allgemeinen Reinigung   117

Vorwort

Erfahrungen, Ratschläge und Tips zur Selbsthilfe, die über Generationen gesammelt und überliefert worden sind, ergeben eine Fundgrube, die in keinem Haushalt fehlen sollte. HAUSHALTSPFLEGE AUF GROSSMUTTERS ART ist ein solcher wahrer Hausschatz von Erfahrungen, die Großmütter in den letzten 100 Jahren an ihre Kinder und Enkelkinder weitergegeben haben.

Auf die meisten dieser Ratschläge kam man einst durch Zufall oder Ausprobieren, und dann wurde das Gelernte an die nächste Generation weitergereicht. Manches war seitdem verschollen, wurde vergessen oder nicht mehr als „zeitgemäß" genug empfunden. Aber gerade in unserer heutigen Zeit beginnt man sich wieder dieser altbewährten, einfachen und umweltfreundlichen Problemlösungen zu besinnen. Nicht alles läßt sich in jedem Haushalt verwirklichen; deshalb bietet dieser praktische Ratgeber für diverse tägliche Probleme verschiedene Lösungen an. Manche Ratschläge gehen um Generationen zurück, andere stammen aus neuester Zeit von „modernen" Großmüttern.

Wohnungspflege ohne Chemie war der normale Alltag im Haushalt früherer Generationen. Oftmals stehen wir heute ratlos vor schwierigen Reinigungsproblemen und fragen uns, wie das wohl einst die Großmutter ohne chemische Mittel geschafft hat. Es ging und ist auch heute noch möglich, wie die vielen guten Ratschläge in diesem Band zei-

gen. Alle Bereiche sind dabei berücksichtigt worden, die in einem Haushalt zur Pflege und Reinigung anfallen. Sicherlich wird mancher Leser bei verschiedenen Tips erstaunt sein, mit welchen einfachen Mitteln sich ausgezeichnete Lösungen erzielen lassen.

Großmutters Ratschläge für Blumen und Pflanzen

☞ *Kurzstielige Blumen* lassen sich in einer hohen Vase dekorieren, wenn man die Vase locker mit Cellophanpapier auffüllt.

☞ *Tulpen* in der Vase halten länger, wenn man sie mit einer Stopfnadel an der Schnittstelle tief einsticht.

☞ *Zweige* treiben schnell in der Vase, wenn man einige Tropfen Salmiak ins Wasser gibt (für eine größere Vase zehn Tropfen).

☞ *Schnittblumen* bleiben länger frisch, wenn Sie dem Blumenwasser etwas *Soda* beifügen.

☞ *Schnittblumen* halten sich länger, wenn man dem Wasser *Kochsalz* zusetzt.

☞ *Schnittblumen* bleiben länger frisch, wenn man in dieselbe Vase einen *Zypressenzweig* stellt.

☞ *Blumenstengel* sollen unter Wasser abgeschnitten werden, dann können sich die Zellen mit Wasser vollsaugen. Die Blumen halten sich dann länger frisch.

☞ Wenn *Schnittblumen* während der Nacht kühl gestellt werden, verlängert das ihre Lebensdauer ganz wesentlich.

☞ *Schnittblumen* halten länger, wenn zwei Eßlöffel heller Essig und zwei Eßlöffel Rohrzucker auf einen

Liter Blumenwasser gegeben werden oder dem Blumen-
wasser ein paar Eiswürfel zugefügt werden. Aufgelöste
Aspirintabletten oder Kupfermünzen erfüllen diesen
Zweck ebenfalls.

☞ Sind Blumenstiele geknickt, kann man die Blüte ret-
ten, wenn man die geknickte Stelle mit Klebestreifen
umwickelt.

☞ Wenn Schnittblumen genügend Platz in der Vase
haben, halten sie länger.

☞ Blühende Zweige im Winter sind ein schöner
Zimmerschmuck. Anfang Dezember Kirschbaum- oder
Kastanienzweige abschneiden, zehn Zentimeter tief ins
Wasser stecken, das eine Temperatur von etwa 20 Grad
Celsius haben sollte. Das Gefäß in einen geheizten Raum
stellen. Das verdunstete Wasser täglich nachfüllen und
die kleinen Blätter jede Woche einmal mit lauwarmem
Wasser besprengen.

☞ Rosen halten länger in der Vase, wenn man die
Stielenden nach dem Schneiden kurz in kochendes Wasser taucht.

☞ Blumen halten am längsten, wenn sie frühmorgens
geschnitten werden.

☞ Schnittblumen abends kaufen und über Nacht
bis zu den Blüten in Wasser stellen.

☞ *Abgeknickte Schnittblumen steckt man in einen Strohhalm , dann können sie wieder in der Vase dekoriert werden.*

☞ *Schnittblumen, die nicht gleich in eine Vase gestellt werden können, zum Beispiel während einer Autofahrt, bleiben lange frisch, wenn sie mit nasser Watte umwickelt und in einen Plastikbeutel gesteckt werden.*

☞ *Ein Blumenstrauß, den man verschenken möchte, hält sich besser, wenn man die Stiele in geschmolzenes Wachs taucht und den Strauß dann in feuchtes Papier einschlägt. Bevor er in die Vase gestellt wird, die Stielenden abschneiden.*

☞ *Blumen halten sich länger in der Vase, wenn man dem Wasser einige Tropfen Kampferspiritus beimischt.*

☞ *Wenn Sie Schnittblumen einfärben möchten, wirkt folgendes: Rote Rosen, in Salmiakwasser gestellt, nehmen eine bläuliche Färbung an. Lilien, Narzissen und andere weiße Blumen, färben sich rot, wenn man etwas rote Tinte ins Wasser gibt. Kornblumen werden in Essig rot.*

☞ *Schilfkolben in Zuckerwasser tauchen oder mit Haarspray einsprühen, bevor sie in die Vase kommen, dann springen die Kolben nicht auf.*

☞ *Rosen* halten länger, wenn die Stiele jeden Abend frisch angeschnitten werden und wenn man die Blumen über Nacht in die mit lauwarmem Wasser gefüllte Badewanne legt.

☞ *Schnittblumen* halten in der Vase länger frisch, wenn im Strauß *roter Fingerhut* steckt. Paßt er nicht zum Gesteck, dem Wasser Fingerhuttee beifügen. Zubereitung: Kochendes Wasser auf eine Handvoll Blätter und Blüten gießen und über Nacht ziehen lassen.

☞ *Tulpen* halten länger in der Vase, wenn man sie am „Hals" mit einem Messer einritzt.

☞ *Schnittblumen* halten sich frisch, wenn man täglich die Stengel ein bißchen kürzt.

☞ *Der Gummibaum* gedeiht gut, wenn man ihm ab und zu eine Spalttablette in die Erde steckt.

☞ *Alpenveilchen* lassen sich wie folgt überwintern: Die Pflanzen wollen im Winter etwa bei 10 bis 15 Grad Celsius stehen. Beim Gießen die Knollen nicht benetzen. Die Ruhezeit beginnt nach der Blüte und dauert bis zum Frühjahr. Dann werden die Knollen neu eingepflanzt. Der beste Platz für Alpenveilchen ist das Doppelfenster.

☞ *Die Stecklinge von Wolfsmilch* (Christusdorn) tauche man sofort nach dem Abschneiden und vor dem

Einpflanzen in kaltes Wasser, damit der giftige Milchsaft gerinnt.

☞ *Guten Dünger für Zimmerpflanzen gibt das Wasser, in dem Fleisch gewaschen wurde.*

☞ *Zimmerfarn läßt sich einfach und natürlich düngen, indem man ihn mit schwachem schwarzem Tee gießt oder einen benutzten Teebeutel in die Erde steckt.*

☞ *Das Umpflanzen von Kakteen erfolgt besonders handschonend mit einer Grillzange.*

☞ *Töpfe mit Orchideen oder Farn, die am Fenster stehen, in Kunststoffschalen stellen, die mit Blähton gefüllt sind. Die Schale mit Wasser füllen. Die Pflanze gedeiht besser, da sie die zum Wachstum benötigte Luftfeuchtigkeit bekommt.*

☞ *Mit folgender Maßnahme blühen junge Topfpflanzen früher: Einen reifen Apfel neben den Topf legen und eine Plastikfolie über Pflanze und Apfel ziehen. Die Reifegase des Apfels beschleunigen die Knospenbildung.*

☞ *Die Blätter bei Zimmerpflanzen werden glänzend, wenn man sie mit Bier abreibt.*

☞ *Zimmerpflanzen gedeihen gut, wenn sie öfter in den Regen gestellt werden. Die Temperatur sollte dabei nicht unter 13 Grad Celsius betragen.*

☞ *Im Winter* dürfen Zimmerpflanzen die Fensterscheiben nicht berühren, da diese die Kälte weiterleiten und die Pflanzen dadurch Schaden nehmen können.

☞ *Giftige Pflanzen* sind in einem Haushalt mit Kindern zu vermeiden. Dazu gehören: Primel, Hyazinthe, Anemone, Tollkirsche, Hundspetersilie, Fingerhut, Wolfsmilch, Sumpfdotterblume, Goldregen und viele andere.

☞ *Pflanzen haben es gerne, mit Regenwasser begossen zu werden.* Es ist aber gut, das Regenwasser erst zu sammeln, nachdem es eine halbe Stunde geregnet hat, damit das Wasser nicht verschmutzt ist. Auch aufgetauten, sauberen Schnee mögen Zimmerpflanzen.

☞ *Beim Umtopfen* von Pflanzen sollte man einen Topf nehmen, der mindestens eine Nummer größer ist als der vorher verwendete.

☞ *Pflanzen wachsen kräftiger und schneller,* wenn man sie mit Wasser gießt, in das man mindestens einen Tag lang frischen Leim gelegt hat. Auch Kaffeesatz oder abgestandener, schwarzer Tee samt Blättern oder häufigeres Gießen mit abgestandenem Kartoffelwasser haben dieselbe Wirkung.

☞ *Gummibäume* lieben einen mäßig warmen, jedoch luftigen Standort, der möglichst wenig verändert werden sollte. Ab und zu der Pflanze einen Düngeguß geben und die Blätter sauber halten.

☞ *Farne* vertragen es gut, wenn man sie mit Wasser und einem Schuß Milch gießt.

☞ Ist man länger abwesend, überstehen das die Pflanzen am besten, wenn man sie auf *Ziegelsteinen* in eine Badewanne stellt und etwas Wasser einlaufen läßt. Über die Ziegel holen sich die Pflanzen dann das nötige Wasser.

☞ *Pflanzen* gehören nicht ins *Schlafzimmer*, denn viele Arten verschlechtern die Luft, weil sie nachts, wenn auch in geringen Mengen, ebenso wie Mensch und Tier nur Sauerstoff verbrauchen und Kohlenstoff produzieren.

☞ *Abgeblühte Blüten* und *welke Blätter* müssen entfernt werden. Welke Blätter dürfen erst abgenommen werden, wenn sie gelb geworden sind, da sonst der Pflanze wichtige Aufbaustoffe entzogen werden.

☞ Wenn man *Holzkohle* auf dem Grund des Topfes eingräbt, verhindert man es, daß die Wurzeln der Pflanzen faulen.

☞ *Zwiebel-* und *Knollengewächse* faulen leicht, wenn sie zu reichlich gegossen werden.

☞ Der *Gießrand* in einem Blumentopf – das ist der Abstand der Blumenerde zum Rand des Blumentopfes – sollte etwa zwei Zentimeter betragen, damit die Pflanze besonders im Sommer genügend Wasser aufnehmen kann. Kann dieser Rand durch sanftes Eindrücken der Erde nicht mehr hergestellt werden, ist es Zeit zum Umtopfen.

☞ Die *Ableger* von Zimmerpflanzen gedeihen besser, wenn man ein Glas darüber stülpt, weil die Luftfeuchtigkeit höher ist. Allerdings unbedingt hin und wieder frische Luft an den Ableger heranlassen.

☞ Zimmerpflanzen müssen jährlich *umgepflanzt* werden. Blumen, die im Winter blühen, am besten im Herbst *umpflanzen*. Der Blumentopf muß immer luftdurchlässig sein.

☞ Blumen mäßig, aber dafür häufiger düngen. Zuviel *Dünger* zerstört die Pflanzen. Während der Winterruhe dürfen Pflanzen nicht gedüngt werden.

☞ *Kakteen* sind oft winzig. Die Pflanzen mit einem Babyfläschchen für Puppen gießen, dann geht nichts daneben.

☞ Große Blätter von Pflanzen verstauben nicht so schnell, wenn sie gelegentlich mit *Glyzerin* abgewischt werden.

☞ Es ist gut für die Pflanzen, ein *Gefäß mit Wasser* auf der Blumenbank aufzustellen, aus dem das Wasser verdunsten kann.

☞ Befindet sich *Mehltau* auf Zimmerpflanzen, begießt man die erkrankten Pflanzen mit einer leichten Salzwasserlösung (ca. 100 Gramm auf fünf Liter).

☞ *Etwas Brennspiritus im Gießwasser kräftigt die Pflanzen und regt das Wachstum an.*

☞ *Grünpflanzen werden schön glänzend, wenn sie mit Milch eingerieben werden.*

☞ *Blumenerde schimmelt nicht, wenn man als letzte Schicht Sand in den Topf gibt.*

☞ *Pflanzen topft man richtig um, indem man die Tontöpfe einen Tag vor dem Umtopfen in einen Eimer mit Wasser legt, so daß sich der Ton gut vollsaugt. Der Ton enthält vom Brennen noch giftige Rückstände, die empfindlichen Pflanzen schaden. Trockener Ton entzieht außerdem der frischen Blumenerde zuviel Feuchtigkeit. Neue Töpfe immer nur eine Nummer größer nehmen – sonst wachsen die Wurzeln besser als die Blüten. Statt einer Scherbe ein Knochenstückchen zum Abdecken des Bodenlochs nehmen: Der Kalk ernährt die Pflanze.*

☞ *Blumen blühen länger, wenn abgeblühte Blüten abgezupft werden und sich keine Samen bilden können, die die Pflanze unnötig Kraft kosten.*

☞ *Zimmerpflanzen verdursten während einer längeren Abwesenheit nicht, wenn man sie reichlich gießt und die Oberfläche der Blumenerde mit Moos abdeckt.*

☞ *Legt man einen Wollstreifen mit einem Ende in ein mit Wasser gefülltes Gefäß und mit dem anderen Ende* in einen Blumentopf, kann sich die Pflanze einige Tage selbst mit Wasser versorgen.

☞ Ein natürlicher Blumendünger sind Eierschalen. Man lege sie zwei bis drei Wochen ins Wasser und gieße dann die Pflanzen damit. Oder man lege Knochen solange ins Herdfeuer, bis sie weißlich geworden sind, pulverisiere sie dann und streue sie auf die Pflanzenerde.

☞ Blumengießen während des Urlaubs ist drei bis vier Wochen nicht nötig, wenn man in einem Wassereimer befeuchtete Stoffstreifen befestigt und diese zu den einzelnen, tiefer stehenden Blumentöpfen führt. Der Stoff saugt das Wasser an und gibt es an die Blumenerde weiter.

☞ Blumengießen sollte man am besten mit abgekochtem Wasser oder solchem, das mindestens 24 Stunden lang gestanden hat, nicht aber mit frischem Leitungswasser.

☞ Pflanzen lieben erfrischende Wasserbäder. Man taucht ganz einfach die Pflanzen bis zum Topfrand solange in Wasser, bis kein Bläschen mehr aufsteigt. Nachher gut abtrocknen.

☞ Blumenwasser behält den frischen Geruch, wenn man ein Stückchen Holzkohle ins Wasser gibt.

☞ *Blumen tut es gut, sie hin und wieder mit Mineral-wasser zu gießen. Bei regelmäßiger Anwendung kann das den Dünger ersetzen.*

☞ *Das Wasser von Wärmflaschen eignet sich sehr gut zum Blumengießen.*

☞ *Großmutters natürlichen Blumendünger stellt man wie folgt her: Ein ganzes Ei kommt auf ein Liter Wasser.*

☞ *Blumenvasen reinige man immer sehr gründlich mit Spülmittel, damit sich keine Bakterien bilden. Haben sie durch längeren Gebrauch einen grünlichen oder bräunlichen Belag, entferne man diesen mit Seifenwasser, dem man Salmiakgeist zusetzt.*

☞ *Undichte Tonvasen werden wieder wasser-dicht, wenn für einige Stunden Wasserglas in die Vase ge-geben wird. Nach dem Entleeren muß die Vase ein paar Tage durchtrocknen.*

☞ *Von eisenhaltigem Wasser trüb gewordene Glas-vasen oder Wasserflaschen säubert man, indem man viele Zeitungspapierschnitzel hineinfüllt, mit klarem Was-ser aufgießt und sie einen Tag stehen läßt.*

☞ *Der Blumentopf sollte nicht zu groß sein. Je grö-ßer der Topf ist, um so langsamer wächst eine Pflanze. Je kleiner ein Blumentopf ist, um so schneller wächst die Pflanze.*

☞ *Blumentöpfe werden einige Tage feucht gehalten, wenn ein Krug mit Wasser danebengestellt wird. Streifen aus Löschpapier mit dem einen Ende in den Krug und mit dem anderen in den Blumentopf legen, so daß die Feuchtigkeit vom Krug zur Pflanze geleitet wird.*

☞ *Kostbare Kristallvasen, die wegen ihres engen Halses oftmals schwer zu reinigen sind, werden dann unansehnlich. Man füllt sie zur Hälfte mit Wasser, gibt kleingeschnittene Schalen einer Apfelsine dazu und schüttelt ein paarmal kräftig. Danach erstrahlt die Kristallvase in altem Glanz.*

☞ *Keramikvasen, die undicht geworden sind, können wieder dicht gemacht werden, indem man sie mit Bohnerwachs einreibt oder mit heißem Parafin ausschwenkt.*

☞ *Damit Blumenvasen nicht umfallen, kann man auf den Boden der Vase Kieselsteine, Murmeln oder auch Sand geben.*

☞ *Übertöpfe dürfen den Tontopf nicht zu eng umschließen, da ansonsten die Pflanzen zu wenig Luft bekommen.*

Großmutters Ratschläge
gegen
Insekten und Ungeziefer

☞ *Würmer in Blumentöpfen* lassen sich mit einem Trick beseitigen: Einen *überreifen Apfel* in den Blumentopf legen. Bald sind alle Würmer im Apfel, den man dann wegwirft.

☞ *Erdflöhe* halten sich nicht in Blumentöpfen, wenn man Streichhölzer mit dem Kopf nach unten in die Erde steckt.

☞ *Würmer* in der Blumenerde werden mit dem Wasser von gekochten Kastanien oder Nußbaumblättern bekämpft.

☞ Ist in der Blumenerde ein *Wurzelschmarotzer*, zwei Eßlöffel getrocknete Brennesseln und zwei Eßlöffel Kaffeesatz ins Gießwasser geben, über Nacht stehen lassen und dann die Blumen damit gießen. Oder die Schädlinge mit einer Kartoffelscheibe an die Oberfläche locken, wo sie leicht zu entfernen sind.

☞ *Blattläuse* werden vertrieben, indem man die Pflanzen von allen Seiten mit lauwarmem Wasser abwäscht und mit kaltem Schwarztee oder kaltem Kaffee gießt.

☞ Gegen Blattläuse streut man *Tabakasche* auf die Pflanzen.

☞ *Würmer* in Blumentöpfen beseitigt man, wenn man Ruß und Wasser vermischt oder einen erkalteten Sud von Kastanien- und Nußbaumblättern in die Blumentöpfe gießt. Man kann aber auch die Blumentöpfe bis an den Rand in Kalkwasser stellen.

☞ *Gegen Ungeziefer im Blumentopf pflanzt man eine Knoblauchzehe in jeden Blumentopf. Den Knoblauch zurückstutzen, wenn er zu wachsen beginnt, damit er die Pflanze nicht überwuchert. So vertreibt man jegliches Ungeziefer.*

☞ *Gegen Blattläuse gibt es ein natürliches Mittel. Man sucht Marienkäfer und setzt sie auf die befallenen Pflanzen, da sich diese Tiere von Blattläusen ernähren.*

☞ *Gegen Blattläuse hilft folgendes natürliche Spritzmittel: Brennesseln mit Wasser aufsetzen, ca. fünf bis zehn Minuten kochen und über Nacht verschlossen stehen lassen. Die Brühe über die mit Schädlingen befallenen Pflanzen gießen.*

☞ *Befinden sich Läuse auf Bäumchen und Pflanzen, sprüht man das Gewächs mit einer Schmierseifenlösung mehrfach ein. Bei Bäumen eventuell die Spitzen abschneiden.*

☞ *Blattläuse auf Rosen und Topfpflanzen mit dem Schaum von Geschirrspülmittel vernichten. Den Schaum auf die Pflanzen tupfen. Ist der Schaum zerfallen, sind die Blattläuse tot. Die Pflanzen mit klarem Wasser abwaschen.*

☞ *Gegen Blattläuse auf Zimmerpflanzen hilft das Abreiben der Blätter mit Seifenlauge (möglichst keine Lauge in die Blumenerde kommen lassen, da das den Pflanzen schadet).*

☞ Gegen Blattläuse eine *Knoblauchzehe* auf die Fensterbank neben die Pflanzen legen. Die Läuse verschwinden nach kurzer Zeit, da sie den Geruch nicht ertragen.

☞ *Spinnmilben* auf Pflanzen verschwinden, wenn die Pflanzen mit Wasser besprüht werden, in das etwas Spülmittel gegeben wurde.

☞ *Fliegen* im Zimmer können im Sommer eine lästige Plage werden. Ein Fliegenfänger ist kein ästhetischer Anblick; es ist besser, abends Zeitungspapier auf die Fensterbretter zu legen und darauf Mottenpulver zu verteilen. Am nächsten Morgen können die toten oder betäubten Fliegen leicht entfernt werden.

☞ *Fliegen* kommen nicht in die Wohnung, wenn man *Rizinuspflanzen* auf die Fensterbretter stellt. Dieses Mittel bewährt sich auch bei Stechmücken.

☞ *Fliegen* bleiben fern, wenn am Fenster einige Töpfe mit Tomatenpflanzen aufgestellt werden oder wenn in den Wohnräumen mit Lavendel und in der Küche mit Essigdämpfen geräuchert wird.

☞ Besonders während der heißen Tage sind Fliegen in den Zimmern sehr lästig. Wenn Durchzug nicht hilft, kann man einige flache Teller mit *Lorbeeröl* aufstellen.

☞ Damit Fliegen gar nicht erst in die Wohnung kommen, *Orangen* mit *Nelken* spicken und auf das Fensterbrett stellen. Auch Zitronenmelisse hat diese Wirkung.

☞ Sind Fliegen in der Küche, einfach eine Vase mit To-matenblättern vor die Fenster stellen. Das mögen die Fliegen überhaupt nicht und meiden diesen Ort.

☞ Gegen Fliegen im Zimmer helfen büschelweise aufge-hängte getrocknete Fliederblüten .

☞ Käsefliegen sind keine Kostverächter, wenn es um Käse aller Art geht, aber auch bei Schinken und Pö-kelfleisch. Alles gut verschließen, Wände und Fußboden oder Vorratskammer mit Kalkmilch streichen und alle vorhandenen Risse mit Gips verschmieren.

☞ Fliegen mögen Blau nicht, deshalb helfen blaue Vorhänge vor den Fenstern, die Fliegen fernzuhalten. Man kann auch frische Brennesseln im Raum aufhängen.

☞ Fliegen in der Wohnung lassen sich ohne Vertilgungs-mittel durch einige Minuten Durchzug vertreiben.

☞ Mücken und Schnaken kommen nicht ins Zimmer, wenn man ein geöffnetes Fläschchen mit Nelkenöl in den Raum stellt.

☞ Wespennester verbrennt man bei Nacht mit ei-ner Fackel, oder man begießt sie mit Tetrachlorkohlen-stoff (Vorsicht: Dämpfe sind sehr giftig!).

☞ Lästige Wespen vertreibt man mit Zitronen-scheiben – mit je drei eingesteckten Gewürznel-ken, im Abstand von ca. 50 cm ausgelegt.

☞ Gegen Ameisen hilft B o r s ä u r e *(aus der Apotheke)* oder Vanille *(ohne Zucker)*.

☞ Ameisen, Silberfische oder Kakerlaken in der Wohnung bekämpft man mit einer Mischung aus B o r a x und Z u c k e r. Befallene Stellen damit bestreuen oder ein flaches Gefäß, gefüllt mit dieser Mischung, unter die Möbel stellen.

☞ Sind Ameisen in der Küche, hilft es, eine halbe Z i t r o n e auszulegen.

☞ A m e i s e n in der Wohnung bekämpft man, indem man gemahlenen Zimt oder Kaffeesatz streut oder Essig sprüht.

☞ Um Ameisen zu vernichten, stellt man flache Gefäße auf mit einer Lösung aus einem halben Liter Wasser, fünf Eßlöffeln Z u c k e r und zwei Eßlöffeln H e f e. Auch Kampfergeruch vertreibt die Ameisen.

☞ Ameisen hält man vom Haus fern, indem man ganze G e w ü r z n e l k e n an allen Eingängen auslegt. Natürlich wirkt dieses umweltfreundliche Mittel auch in der Küche.

☞ K ü c h e n s c h a b e n verschwinden, wenn man Gurkenscheiben in die Schlupfwinkel legt oder Borax mit Zukker zu gleichen Teilen mischt und ausstreut.

☞ Küchenschaben vertreibt man mit K a m p f e r g e r u c h.

☞ *Flöhe* in der Wohnung bekämpft man wie folgt: Dielenritzen mit Petroleum tränken und verschließen (Kitt), da das Ungeziefer meist dort wohnt. Bett- und Leibwäsche mit Insektenpulver bestreuen. Absolute Reinlichkeit ist Grundbedingung.

☞ *Wanzen* vertreibt man aus ihren Fugen durch Petroleum, Alaunwasser oder Essigsäure.

☞ *Kellerasseln* vertilgt man, indem man einen Kaffeelöffel *Weingeist* in eine Flasche füllt und diese damit ausschwenkt. Dann legt man sie auf den Boden, damit die Asseln hineinkriechen können. Sie werden dadurch betäubt, und man kann sie verbrennen.

☞ *Gegen Kellerasseln* streut man Pfeffer oder Paprika aus, oder man fängt diese Schädlinge in ausgehöhlten Rüben, in die sie gerne ziehen.

☞ *Kellerschnecken* vernichtet man, wenn man ungelöschten *Kalk* ausstreut.

☞ *Kellerasseln*, die gerne an *eingelagerte* Kartoffeln gehen, lockt man mit frischem ausgehöhltem Kohlrabi. Die Asseln sammeln sich darin und können so leicht ausquartiert werden.

☞ *Gegen Motten* lege man *Lavendelsträußchen* oder getrocknete Lavendelblüten in Leinensäckchen zwischen die Wäsche in Schränken und Kommoden. Auch

Lavendel- oder Zedernöl (aus der Apotheke) zum Benetzen der inneren Schrankflächen erfüllt diesen Zweck. Die gleiche Wirkung hat ein Sträußchen aus Gewürznelken.

☞ Zum Schutz gegen Motten empfindliche Wollstücke (besonders die über den Sommer lagernden Winterpullover) in einfach genähten Leinenbeuteln aufbewahren. Zwischen die Wollstücke getrocknete Apfelsinenschalen legen.

☞ Motten im Kleiderschrank vertreibt man durch ein Beutelchen mit getrockneten Zitronenschalen.

☞ Mäuse werden vertrieben, wenn man die Mäuselöcher restlos mit terpentingetränkten Lappen verstopft und mit Gips abdichtet. Gebrauchte Mäusefallen abbrühen, da die verendenden Tiere Angstschweiß absondern, der die anderen Mäuse warnt. Gift auszulegen ist in der Wohnung nicht ratsam, da in den Schlupfwinkeln verendete Mäuse Verwesungsgeruch verursachen.

☞ Mäuse werden vertrieben, wenn man ganze Büsche von Pfefferminzkraut und wilder Kamille oder einige Tropfen Pfefferminzöl unter Betten und Schränken auslegt. Der von diesen Pflanzen ausgehende Geruch vertreibt die Mäuse innerhalb kurzer Zeit.

☞ Hunde vermeiden Hausecken, wenn diese mit Schwefelblüten bestäubt wurden.

☞ *Läuse bei Haustieren* bekämpft man mit dem Wasser abgekochter Kartoffeln.

☞ Bei *Vogelmilben* den Vogel mit Glyzerin bestreuen und mit Insektenpulver einreiben. Den Käfig sehr gründlich mit heißem Wasser reinigen.

☞ Flöhe bei Hunden werden bekämpft, indem man das Tier mit einer in *Leinöl* getauchten Bürste behandelt und es eine Stunde später mit warmem Seifenwasser abwäscht.

☞ Ungeziefer an Hunden vernichtet man ohne Gift wie folgt: Über sechs Handvoll *Wermutkraut* drei Liter kochendes Wasser gießen und acht Stunden lang zugedeckt stehen lassen. In dieser Lösung dann den Hund baden – mit frischem Wasser nachspülen.

☞ Bei Holzwürmern spritze man *Benzin* in die Bohrlöcher und verschließe sie mit Wachs oder Kaugummi. Die Benzindämpfe töten die Schädlinge.

☞ Gegen *Holzwürmer* spritzen Sie eine Lösung aus reinem Holzessig und Spiritus oder Salmiak oder auch Petroleum in die Bohrlöcher (Einmalspritze aus der Apotheke nehmen). Die Löcher anschließend mit Fensterkitt verschließen.

Großmutters Ratschläge fürs Säubern und Pflegen

☞ *Freie Abflußrohre* erhält man umweltfreundlich durch noch kochendheißes *Kartoffelwasser*.

☞ *In verstopfte Abflußrohre schüttet man etwas Soda und spült mit heißem Wasser nach.*

☞ *Saubere Abflußrohre in der Küche bewirkt Kaffeesatz, wenn man ihn regelmäßig hindurchspült.*

☞ *Abflußrohre werden durch kochendheißes Wasser wieder frei. Wenn es nötig ist, die Saugglocke zur Hilfe nehmen. Ein passend zugeschnittenes Stück Fliegendraht, daß auf den Ausguß gelegt wird, beugt erneuter Verstopfung vor.*

☞ *Küchenschränke werden sauber, wenn man in das Putzwasser ein fettlösendes Spülmittel gibt.*

☞ *Zum Entkalken von Töpfen und anderen Gefäßen ist Essigwasser im Verhältnis drei Teile Wasser und ein Teil Essig ein gutes Mittel. Das Gemisch in oder mit dem zu reinigenden Gefäß oder Gerät aufkochen, abkühlen lassen und den Vorgang so lange wiederholen, bis sich alle Kalkrückstände gelöst haben.*

☞ *Brandflecken auf Porzellan entfernt man mit angefeuchtetem Salz, das man mit einem Korken kräftig auf dem Fleck verreibt.*

☞ *Dunkle Flecken auf Nickeltabletts werden mit angefeuchteter Zigarrenasche weggerieben.*

☞ Rostige Topfböden reibt man mit P e t r o l e u m ein und läßt sie mehrere Tage lang stehen. Ist der Rost verschwunden, reinige man die Töpfe sehr gründlich.

☞ Rostflecken im Stahlspülbecken? F e u e r z e u g - b e n z i n schafft Abhilfe.

☞ Ist die K a f f e e m a s c h i n e v e r k a l k t, läßt man eine Lösung aus Wasser und Essigessenz, danach mehrmals klares Wasser durchlaufen.

☞ Gegen Kalkflecken auf Armaturen und in Spülbecken wirkt folgendes Mittel: Ein E s s i g - S a l z - G e m i s c h herstellen, die Lösung für einige Zeit im Spülbecken stehen lassen. Für die Wasserhähne und Armaturen ein Tuch tränken und diese damit umwickeln – gut nachspülen.

☞ Die K a f f e e m ü h l e mit w e i ß e m S a n d reinigen. Beim Durchdrehen werden alle unsauberen Teilchen mitgenommen, und es bleiben keine Spuren zurück.

☞ K a f f e e m ü h l e n von Zeit zu Zeit mit einem trockenen Pinsel reinigen.

☞ Mit Z i t r o n e n s ä u r e kann man Wasserkessel, Kaffeemaschinen und andere Küchengeräte entkalken.

☞ P a p i e r fängt T r o p f e n. Wenn Sie den Kühlschrank sauber halten wollen, nehmen Sie Haushaltspapier und legen es in den Gemüsebehälter Ihres Kühlschrankes. Das saugt herabtropfende Flüssigkeit auf.

☞ Kühlschränke entweder mit schwacher Sodalösung oder mit Essigwasser reinigen.

☞ Gefriertruhen und Kühlschränke vereisen nicht so rasch und benötigen weniger Energie, wenn man sie mit Speiseöl ausreibt.

☞ Verzogene Küchenbrettchen aus Holz einen Tag zwischen nasse Tücher legen, dann werden sie wieder gerade.

☞ Küchenbrettchen, die unansehnlich geworden sind, reibe man mit Stahlwolle ab.

☞ Um Flaschen luftdicht zu verkorken, geht man wie folgt vor: Den Korken fest in den Flaschenhals drücken. Den herausragenden Teil des Korkens direkt über dem Flaschenhals abschneiden. Den so verschlossenen Flaschenhals in eine Lösung aus Essigessenz und Gelatine tauchen. Diese schnell erstarrende Lösung versiegelt den Korken.

☞ Ist der Korken zu dick, darf er nicht außen geschält werden. Mit einem scharfen Messer einen Keil aus dem Korken herausschneiden – so läßt er sich leicht anpassen.

☞ Zum Umfüllen von Flüssigkeiten in kleine Fläschchen mit engem Hals kann man als Trichter eine Eierschalenhälfte verwenden, in die man vorher ein kleines Loch gebohrt hat.

☞ *Keinen Korkenzieher* parat? Lassen Sie heißes Wasser über den Flaschenhals laufen. Die so erwärmte Luft treibt den Korken heraus.

☞ *Ineinander* gestellte *Gläser* kann man leicht trennen, wenn man das untere in heißes Wasser stellt und das obere mit kaltem Wasser füllt.

☞ Festsitzende *Glasstöpsel* reibt man mit Vaseline oder Kokosfett ein, bevor sie erneut verwendet werden.

☞ Korken, die als Verschluß für Flaschen mit klebrigem Inhalt verwendet werden, vor dem Verkorken in Öl tauchen, dann kleben sie nicht fest.

☞ *Kohlensäurehaltige* Getränke spritzen nicht, wenn man die Flasche beim Öffnen so schräg hält, daß die Innenseite des Verschlusses mit Flüssigkeit benetzt wird.

☞ Ist der Korken in die Flasche gefallen, gieße man soviel *Ammoniak* in die Flasche, daß der Korken schwimmt. Nach einigen Tagen hat sich der Korken zersetzt und kann zusammen mit der Flüssigkeit ausgegossen werden.

☞ Festsitzende Schraubdeckel von Gläsern kann man drehen, wenn man sie mit *Schmirgelpapier* anfaßt.

☞ Festsitzende Flaschenverschlüsse lassen sich mit einem *Nußknacker* leicht öffnen.

☞ *Verkorkte Flaschen* immer liegend aufbewahren, damit der Korken feucht gehalten wird. So schließt er dicht und läßt sich leichter herausziehen.

☞ Löst sich der *Schraubverschluß* einer Flasche nicht, stellt man die Flasche verkehrt herum auf den Boden.

☞ Wenn Marmeladengläser sich nicht öffnen lassen, läßt man *heißes Wasser* über den Deckel laufen.

☞ Verschmutzte Flaschen aus Glas und Kunststoff mit *Reiskörnern* und ein paar Tropfen Wasser füllen und kräftig durchschütteln. So werden sie wieder sauber, ohne Kratzer zu bekommen.

☞ Korken verschließen *luftdicht*, wenn man sie vorher in Öl legt.

☞ Als Aufhänger an Handtüchern empfiehlt sich *Gummiband*, das erspart viel Arbeit.

☞ Wenn in Wassereimern und Gießkannen kleine Löcher sind, kann man sie mit *Siegellack* abdichten.

☞ Als *Schleifstein* zum Schärfen der Messer eignet sich gut ein Ziegelstein.

☞ Gläser werden widerstandsfähiger gegen *Temperaturschwankungen*, wenn man sie vor dem ersten

Gebrauch nach folgendem Rezept behandelt: Gläser in einen Topf mit kaltem Salzwasser stellen und langsam zum Kochen bringen, Gefäß vom Herd nehmen und erkalten lassen.

☞ *Auf einem Tablett rutscht nichts hin und her, wenn eine feuchte Serviette untergelegt wird.*

☞ *Das Entfernen von Etiketten und Aufklebern auf Glas, Kacheln usw. nimmt man mit Aceton oder Waschbenzin vor. Auch Nagellackentferner hilft.*

☞ *Eier kann man wie folgt aufbewahren: Man bestreicht die Eier sorgfältig mit Kollodium, das zu einem Häutchen trocknet und so die Poren luftdicht verschließt.*

☞ *Reibeisen zum Nachschärfen mit Sandpapier (Schleifpapier) abreiben.*

☞ *Abfalleimer mit Zeitungspapier auslegen, damit nichts am Boden festklebt.*

☞ *Einkaufstüten aus Kunststoff kann man als Müllbeutel verwenden.*

☞ *Kaputte Sicherungen lassen sich hervorragend zum Messerschleifen verwenden.*

☞ *Zusammenhaftende Klarsichtfolie läßt sich, nachdem sie kurze Zeit im Gefrierfach gelegen hat, leicht trennen.*

☞ *Einkaufstüten* aus Kunststoff so oft als möglich für die nächsten Einkäufe wiederverwenden – erst dann als Müllbeutel benutzen.

☞ *Permuttgegenstände* reinigt man mit kaltem Wasser und Schlämmkreide.

☞ *Elfenbein* mit lauwarmem Seifenwasser oder Milch putzen und mit einem weichen Lappen nachpolieren.

☞ *Alter Goldschmuck* ohne Edelsteine wird wieder wie neu, wenn man den Goldschmuck mit einer weichen Zahnbürste in mildem Waschpulver längere Zeit bürstet und danach in heißen Sägespänen trocknet.

☞ *Korallen* vorsichtig in Seifenwasser mit einem Leinenläppchen reinigen und mit einem Leder nachpolieren.

☞ *Modeschmuck* mit farblosem Lack überziehen, damit er nicht schwarz anläuft.

☞ *Kristallgegenstände* bringt man zum Funkeln, indem man warmem Wasser einen Schuß Ammoniak beifügt.

☞ Reibt man *Bernstein* kurz mit Kölnisch Wasser ab, erhält er wunderbaren Glanz.

☞ Schwarz gewordenes Silber reibt man mit einem Lappen, den man in *Salmiakgeist* getaucht hat.

☞ *Silber und Gold, z. B. Schmuck oder Besteck, glänzen wieder, wenn man sie mit Zahnpasta abreibt, da die in ihr enthaltene Schlämmkreide neuen Glanz bringt.*

☞ *Großmutters Silberputzmittel sieht wie folgt aus: Man lege das Silber einige Minuten lang in eine Lösung aus einem Liter Wasser, vier Teelöffeln Salz und vier Teelöffeln Soda. In Seifenwasser nachwaschen und mit einem Fensterleder (Rehleder) polieren.*

☞ *Man lege das angegraute Silber in einen Kochtopf, möglichst aus Emaille. Dann begieße man das Silber mit einer starken Kochsalzlösung, die man dann zum Kochen bringt. Sprudelt das Wasser, formt man aus Alufolie hühnereigroße Bällchen und legt sie in den Topf hinein. Bei einem zwölfteiligen Silberbesteck genügen drei bis vier Alubälle. Nach wenigen Minuten haftet der Belag am Aluminium, und das Besteck ist sauber.*

☞ *Silber läuft durch den Schwefelgehalt der Luft schwarz an. Deshalb die silbernen Gegenstände in farbigen Flanell oder buntes Seidenpapier einwickeln. Keine weißen Stoffe oder weißes Papier benutzen, da zum Bleichen von Stoffen und Papier auch Schwefel verwendet wird.*

☞ *Das Silber in der Schublade läuft nicht mehr an, wenn man ein Stück (Tafel-) Kreide hineinlegt.*

☞ *Silberne Gegenstände in einem Plastikbeutel aufbewahrt, laufen nicht mehr an.*

☞ *Silber* mit abgeseihtem Kartoffelkochwasser putzen. Schwarz angelaufenes Silber mit einer Mischung aus Kreidepulver, etwas Essig und Alkohol behandeln.

☞ *Aluminium* putzt man mit Stahlwolle. Aluminiumtöpfe werden auch sauber, wenn man Rhabarber oder Kartoffeln darin kocht.

☞ *Edelstahl* reibt man mit ausgepreßten Zitronenschalen blitzblank.

☞ *Kupferkessel* können Sie mit Sauerkrautbrühe oder mit Salzsäure reinigen.

☞ Kupfer und Messingteile lassen sich auch mit einem *Essigteig* putzen – das ist eine dünnflüssige Mischung aus Essig, Mehl und Salz. Das Metall damit bestreichen und nach dem Abwaschen mit einem Tuch oder Fensterleder so lange abreiben, bis es glänzt.

☞ *Zinn* putzt man mit Schlämmkreide, die man mit Terpentinöl befeuchtet hat.

☞ *Chrom* mit Petroleum oder Terpentin reinigen und mit einem weichen Lappen nachpolieren. Bei hartnäckiger Verschmutzung die Chromteile mit einem mit Mehl bestäubten weichen Lappen polieren.

☞ Gegenstände aus Zinn werden wieder wie neu und erhalten einen besonders schönen Glanz, wenn man sie mit *erwärmtem Bier* abreibt.

☞ *Kupfer und Messing* putzt man blank mit einer Paste aus einem Teil Essig und einem Teil Mehl.

☞ *Kupfer* mit einer Zwiebelhälfte blank reiben. Bei Grünspan auf Kupfer hilft Essig. Auch folgendes Rezept wirkt: Den Gegenstand mit Weinessig oder Zitronensaft abreiben und anschließend mit heißem Sodawasser nachspülen. Für angelaufene Kupferteile kann man warme Sauerkrautbrühe nehmen.

☞ *Messing* mit einer Zitronenhälfte, die vorher in Salz getaucht wurde, putzen. Kräftig einreiben, nachspülen und trocken polieren. Statt der Zitronenhälfte kann man auch Zitronensaft oder Sauerkraut nehmen.

☞ *Rostflecke* auf Nickel verschwinden, wenn man sie mit einem dicken Öl bestreicht und nach drei Tagen mit einem mit Salmiakgeist befeuchteten Lappen abreibt.

☞ *Nickel* putzt man mit einem Tropfen Öl.

☞ *Bronze* mit einem Wildlederlappen und Spiritus reinigen.

☞ *Wasserhähne, Türklinken und Stangen aus Messing* glänzen länger, wenn sie nach dem Putzen dünn mit weißem Bohnerwachs eingerieben werden.

☞ *Verchromte Gegenstände*, die blaß und fleckig geworden sind, mit einem weichen, mehlbestäubten Lappen putzen.

☞ *Angelaufenes Kupfer* reibt man mit einer halbierten, rohen Zwiebel blank. Oxidiertes Kupfer mit einem erhitzten Essig-Salz-Gemisch (1:1) abwischen, oder man legt es sogar einige Stunden in diese Lösung.

☞ *Grünspan* auf Silber, Kupfer und Messing beseitigt man mit einer Mischung aus Salzwasser und etwas Salmiakgeist. Anschließend die Gegenstände mit Kreide blank reiben.

☞ *Gold, Silber, Zinn, Messing und Kupfer* lassen sich mit *Zigarrenasche* reinigen.

☞ *Messing* mit einem Brei aus Salz und Essig oder Salz und Speiseöl putzen.

☞ *Besen und Bürsten* soll man niemals auf die Borsten stellen, sondern hängend aufbewahren. Das erhöht die Lebensdauer.

☞ *Neue Besen* stellt man zunächst in kräftiges Salzwasser. Sie halten dann erheblich länger.

☞ *Als Aufhänger für Besen und Schrubber* befestige man statt der sich häufig verdrehenden Schleifen einen *Gardinenring*.

☞ *Besen* wäscht man in einer *Schmierseifenlösung* aus und trocknet sie hängend.

☞ Weichgewordene Borsten an Schrubber oder Besen werden wieder fest, wenn man sie in Alaunwasser legt.

☞ Nasse Bürsten trockne man hängend mit den Borsten nach unten, da sonst die eingezogenen Drähte rosten und die Borsten faulen.

☞ Zusammengedrückte Borsten von Besen und Bürsten richten sich wieder auf, wenn man sie in den Dampf von kochendem Wasser hält.

☞ Bürsten und Besen, deren Borsten sich durch häufigen Gebrauch flachgedrückt haben, eine Zeitlang über starken Wasserdampf halten – die Borsten richten sich dann von selbst wieder auf.

☞ Scheuerbürsten halten länger, wenn man sie zum Trocknen aufhängt. So zieht die Feuchtigkeit nicht ins Holz, und die Borsten werden nicht gelockert.

☞ Fensterleder bewahrt man vor dem Brüchigwerden, indem man das Putzmittel alle zwei Wochen abwäscht und das Leder mit Rizinusöl einfettet. Dann wieder putzen.

☞ Fenster kann man auch trocken reinigen, indem man sie kräftig mit Zeitungspapier abreibt.

☞ Weiße Türen und Fenster werden mit weißem Bohnerwachs gereinigt und nicht mit Seifenwasser, das mit der Zeit die Lackierung stumpf macht.

☞ Holzfenster und -rahmen reibt man nach dem Reinigen zur Pflege mit *Bohnerwachs* ein.

☞ Fenster mit Wasser und einem Schuß *Spiritus* putzen.

☞ *Fensterleder* wird schön weich, wenn es einige Stunden in Seifenwasser gelegt und mit Salmiakgeist ausgespült wird. Anschließend kommt es zum Trocknen an die Luft.

☞ *Strahlend blanke Fenster* bekommt man, wenn man unmittelbar nach dem Putzen mit einem saubereren Tafelschwamm über die trockene Scheibe reibt.

☞ Zum Fensterputzen am besten ein feuchtes *Rehleder* verwenden und mit einem Leinentuch nachreiben.

☞ Fensterleder bleiben geschmeidig, wenn man sie nach dem Gebrauch mit lauwarmem *Salzwasser* auswäscht.

☞ *Fensterputzen* im kalten *Winter* bereitet keine Schwierigkeiten, wenn dem warmen Wasser ein wenig reiner Alkohol beigegeben wird.

☞ Wenn man Fensterscheiben putzt und dem Wasser etwas *Salz* zusetzt, werden die Fenster doppelt so schön.

☞ *Spiegel* soll man nur mit schwachem Seifenwasser putzen.

☞ *Fenster* sollte man nicht bei strahlendem *Sonnenschein* putzen, denn sie würden zu schnell trocknen und dann Streifen zeigen.

☞ *Fliegenschmutz* entfernt man von Fensterscheiben mit Salmiakgeist, von vergoldeten Rahmen mit einer halbierten Zwiebel, von Möbeln und Seide mit lauwarmem Essigwasser und von Metall mit Spiritus.

☞ Zum Fensterputzen einen Schuß *Essig* ins Wasser geben.

☞ *Fensterputzmittel* kann man wie folgt selbst herstellen: Auf einen Liter Wasser gebe man einen Schuß Essig, einen Schuß Spülmittel und einen Schuß Spiritus. In eine Spritz- oder Sprühflasche gefüllt, erfüllt es seinen Zweck so gut wie käufliche Mittel.

☞ Zum *Fensterputzen* kann man auch folgendes Mittel verwenden: Man gebe auf einen Eimer mit warmem Wasser eine halbe Tasse Salmiakgeist, eine halbe Tasse Essig und zwei Eßlöffel Stärke.

☞ Damit Fensterscheiben schöner glänzen, nach der Reinigung eine alte *Nylon-Feinstrumpfhose* zum Nachpolieren verwenden.

☞ *Fliesen* werden wieder glänzend, wenn sie mit einer Mischung aus zwei Dritteln Leinöl und einem Drittel Terpentin mit einem Lappen gereinigt werden.

☞ *Die Fugen zwischen Fliesen mit einem Brei aus* *Backpulver* und *Wasser reinigen. Einfach die Fugen einstreichen, etwa eine Stunde einwirken lassen und mit Wasser gut abspülen.*

☞ *Für glänzende Fliesen statt Allzweckreiniger dem Putzwasser (einfaches) Haarshampoo beifügen – es glänzt und pflegt zugleich.*

☞ *Reinigermilch für den Haushalt – nach Großmutters Rezept selbst hergestellt: Ein Eßlöffel Schmierseife wird mit 200 Millilitern Wasser und fünf Gramm Pottasche unter ständigem Rühren im Wasserbad aufgelöst. Dann das Rührgerät herausnehmen und 20 Gramm Schäumkreide vorsichtig unterrühren. Zum Schluß fünf Tropfen Zitronenöl zugeben, gut verrühren und abfüllen. Die Haltbarkeit des Reinigers beträgt etwa drei Monate. Diese selbstgemachte Reinigermilch ist auch gut geeignet für Personen, die auf die modernen Haushaltsreiniger allergisch reagieren.*

☞ *Fotos reinigt man mit einem spiritusgetränkten Wattebausch.*

☞ *Bügeleisen reibt man, wenn sie noch heiß sind, mit Kerzenwachs ab und putzt mit einem Wolltuch nach.*

☞ *Schallplatten lassen sich gut mit Weizenkorn (alkoholisches Getränk) reinigen.*

☞ *Wasserflecken* auf Türen, zum Beispiel vom Putzwasser, reibe man mit Spiritus ab.

☞ *Enghalsige Flaschen* reinigt man, indem man die Flaschen mit zerkleinerten Eierschalen füllt, einen Eßlöffel Essig dazugibt und etwas heißes Wasser darübergießt. Die Flasche verschließen, kräftig schütteln und mit warmem Wasser ausspülen.

☞ *Kristallglas* putze man mit Wasser, dem etwas Spiritus zugesetzt wurde, und poliere mit einem Wolltuch nach.

☞ Vasen, Flaschen und Thermoskannen mit *Zahnersatzreiniger* ausspülen und säubern. Den Zahnersatzreiniger einen halben Tag vorher ansetzen.

☞ *Emaileimer* reinigt man leicht mit Terpentin.

☞ Weiße *Kalkränder* und -flecken an Tontöpfen verschwinden, wenn man die Töpfe in Essigwasser einweicht und damit abbürstet.

☞ *Putzlappen* in Webrichtung (Fadenlauf) falten und winden, dann halten sie länger.

☞ *Gummihandschuhe* soll man vor dem Gebrauch innen mit etwas Talkumpuder bestreuen. Nach der Arbeit die Handschuhe noch angezogen mit Seifenwasser abwaschen, dann vorsichtig ausziehen und aufgehängt an der Luft trocknen lassen.

Großmutters Ratschläge
gegen
unangenehme Gerüche

☞ Intensiven *Blütenduft* erzeugt man mit folgender Methode im Zimmer: In eine Flasche Blätter von stark duftenden Blüten stopfen, wie Rosen oder Veilchen. Auf jede Lage Blütenblätter etwas Salz streuen und zum Schluß einen Schuß Weingeist darübergießen. Die Flasche längere Zeit an einem kühlen Ort aufbewahren.

☞ Im Zimmer riecht es gut, wenn man ab und zu ein paar Tropfen *Parfüm* in die Wasserverdunster der Heizkörper gibt.

☞ Für gute Luft im Zimmer *Zitronensaft* in den Heizungsverdunster geben.

☞ Frischer Duft in der Wohnung entsteht beim Staubsaugen, wenn man ein Stück *Watte* mit (ausgemustertem) *Parfüm*, Eau de Toilette, Eau de Cologne oder mit Rasierwasser tränkt und es zuvor in den Staubsauger einsaugt.

☞ Unangenehmer Geruch im Raum verschwindet, wenn man ein *Lorbeerblatt* verbrennt.

☞ Wurde eine Wohnung längere Zeit nicht bewohnt und riecht muffig, lege man *Orangen-* oder *Zitronenschalen* auf den Ofen.

☞ Dunst von *Bratfisch* verschwindet aus der Wohnung, wenn sämtliche Herdplatten kurz erhitzt und mit etwas Essigwasser oder -essenz befeuchtet werden. Danach die Herdplatten wieder abstellen.

☞ *Kohlduft in der Küche* verhindert man, wenn man beim Kohlkochen eine Brotkruste mitkocht. Dadurch wird der aufdringliche Kohlgeruch, der sonst das ganze Haus durchzieht, aufgesogen.

☞ *Unangenehmer Geruch im Ausguß* wird beseitigt, indem man heißes *Seifenwasser* hineingießt.

☞ *Bei unangenehmem Geruch aus dem Abflußrohr* eine starke *Salzwasserlösung* hineingießen.

☞ *Stark riechende Gefäße* werden geruchsfrei, wenn sie mit *schwarzem Senfmehl* und etwas warmem Wasser mehrmals ausgespült werden.

☞ *Muffige Koffer* mit Essig auswischen und einige Tage offen an der frischen Luft stehen lassen.

☞ *Kalter Zigaretten-* oder *Zigarrengeruch* verschwindet, wenn ein Schälchen Essig über Nacht aufgestellt wird. Man kann auch ein mit verdünntem Essig getränktes Tuch schwenken.

☞ *Zigarrenkisten,* die im Haushalt und zu Basteleien verwendet werden, verlieren den *Tabakgeruch,* wenn man etwas Alkohol hineingießt und anzündet. Der Alkohol verbrennt sofort und hinterläßt nur schwache Brandspuren. Diese kann man mit etwas Sandpapier entfernen. Der Geruch ist verschwunden.

☞ Hat sich Tabakgeruch im Zimmer festgesetzt, über Nacht feuchte Tücher aufhängen.

☞ Zigarren- oder Zigarettengeruch entfernt man aus dem Zimmer, wenn man flache, mit Wasser gefüllte Schüsseln aufstellt. Das Wasser entzieht den Rauch in kurzer Zeit.

☞ Dicke Luft auf dem Örtchen beseitigt man durch Abbrennen eines Streichholzes.

☞ Gibt man ein paar Tropfen Kölnisch Wasser auf die herausgeschraubte Glühbirne im Badezimmer und läßt es eintrocknen, so duftet es immer, wenn das Licht im Bad eingeschaltet ist.

☞ Gegen den Geruch frischer Farbe hilft ein Schälchen Essig.

☞ Der Geruch von Farben läßt sich aus dem Zimmer vertreiben, wenn über Nacht einige Gefäße mit Salz oder Salzwasser oder mit halbierten Zwiebeln aufgestellt werden.

☞ Holzgeruch in neuen Möbeln verflüchtigt sich, wenn die Möbel mit Tee aus Heublumensamen ausgewaschen werden.

☞ Fäulnisgeruch bei Schnittblumen kann vermieden werden, wenn man ein Stückchen Holzkohle in die Vase legt.

☞ *Die Gerüche vom Katzenklo lassen sich mildern, indem man eingetrocknetes Kaffeemehl mit einstreut.*

☞ *Muffiger Geruch in Schränken oder Kommoden wird mit einer Milchkur verbannt. Man stelle einen Topf mit heißer Milch auf einem Untersetzer hinein und schließe die Türen fest. Nach dem Erkalten der Milch Türen bzw. Schubfächer zum Austrocknen längere Zeit offen lassen.*

☞ *Wird ein Kleiderschrank nicht genügend gelüftet, dann riecht er leicht muffig. Daher mit warmem Wasser, dem Sie Spülmittel zusetzen, auswischen und mit einem Tuch trockenreiben.*

☞ *Muffiger Geruch in Schränken läßt sich mit Kaffeebohnen vertreiben oder mit einer Orange, die mit Nelken gespickt wird.*

☞ *Seife, zwischen der Wäsche aufbewahrt, gibt ihr einen angenehmen Geruch.*

☞ *Schweißgeruch in der Wäsche entfernt man, indem man die Stücke vor dem Waschen mit Essig einsprüht.*

Großmutters Ratschläge für Bad und WC

☞ Gelbe Flecken im Waschbecken und in der Badewanne, von tropfenden Wasserhähnen hervorgerufen, entfernt man mit einem zu gleichen Teilen aus Essig und Salz angerührten Brei. Den Brei einwirken lassen, bevor er wieder abgespült wird.

☞ So reinigt man Fliesen richtig: Kalkränder auf den Fliesen mit Essig abreiben. Zur Reinigung ein mildes Geschirrspülmittel oder Salmiakwasser verwenden. Nach dem Abtrocknen ein paar Tropfen Speiseöl auf ein weiches Tuch geben und damit die Fliesen polieren. Das gibt ihnen einen schönen Glanz und schützt sie vor Feuchtigkeit.

☞ Fliesen, Badewannen usw. werden schön sauber, wenn man sie mit sauer gewordener Vollmilch putzt.

☞ Matt gewordene Fliesen erhalten neuen Glanz, wenn man sie mit salmiakgetränktem Zeitungspapier abreibt.

☞ Kalk- und Stockflecken in Küche und Bad lassen sich einfach mit billigem Essig entfernen. Bei stärkerer Verschmutzung, z.B. am Ansatz der Wasserhähne, umwickle man die Stellen mit Toilettenpapier und tränke es mit Essig. Nach einer gewissen Einwirkzeit lassen sich die Kalkränder leicht abwischen.

☞ Vergilbte Becken und Fliesen strahlen wieder in alter Frische, wenn man sie mit einer Mischung aus Salz und Terpentin abschrubbt.

☞ Lästige Ränder im Waschbecken und an der Badewanne kann man entfernen, wenn man auf ein Läppchen etwas *Salz* gibt.

☞ Jahrelang eine glänzende Badewanne haben Sie, wenn Sie diese mit einem Gemisch aus *Essig* und *Salz* reinigen.

☞ Waschbecken und Wanne bleiben länger sauber, wenn man sie nach dem Putzen mit etwas *Weichspüler* abreibt. Dadurch perlt das Wasser ab.

☞ Emailbadewannen reinigt man mit gelöster *Schlämmkreide* und spült mit kaltem Wasser nach.

☞ Badewannen und Armaturen reinigt man ganz leicht mit *Paraffin*. Es nimmt Schmutz und Kalkränder und gibt schönen Glanz. Doch ist gutes Nachspülen erforderlich, damit kein Geruch zurückbleibt.

☞ Chromteile, z.B. Armaturen im Bad, werden mit Wasser, dem ein kräftiger Schuß *Salmiak* zugegeben wurde, geputzt. Gut nachspülen und die Teile trockenreiben, bis sie glänzen.

☞ Dunkle Flecken und Rost in Badewannen behandle man mit einer Paste aus *Borax* und *Essig*.

☞ *Weiße Fugen* in Bad und Küche mit Schlämmkreide reinigen.

☞ Den verkalkten Brausekopf der Dusche abschrauben und einige Zeit in heißes Salz- oder Essigwasser legen. Wenn nötig, Wasser erneuern und den Vorgang wiederholen.

☞ Duschvorhänge aus Plastik reinige man mit Wannenspray, lasse dieses einwirken und spüle dann gründlich nach.

☞ Die Glaswände der Dusche bringt man mit einem essiggetränkten Schwamm schnell auf Hochglanz.

☞ Wasserflecken auf Toilettenbrille und -deckel beseitigt man mit farblich passender Schuhcreme. Man reibe die Fläche ein und poliere gründlich nach: Der Deckel sieht aus wie neu.

☞ Abgestandene Cola-Reste haben eine reinigende Wirkung für das Toilettenbecken, wenn man sie hineingießt.

☞ Die WC-Muschel läßt sich anstatt mit einem Reinigungsmittel auch gut mit Backpulver säubern – einfach einwirken lassen.

☞ Wenn der Wasserhahn tropft, um den Wasserhahn eine Schnur binden, die bis zum Abfluß reicht, damit das Wasser leise abläuft. Diese Maßnahme hilft sofort gegen eine lästige Störung, bis Zeit ist, den Hahn abzudichten.

☞ *Der Wasserhahn tropft, wenn er sehr stark zugedreht wird. Aber auch steter Tropfen höhlt die Dichtung – also immer so weit zudrehen, daß er nicht tropft.*

☞ *Dampf im Badezimmer läßt sich vermeiden, wenn man zuerst das kalte Wasser und dann das warme Wasser in die Wanne einlaufen läßt.*

☞ *Möchte man abends baden, läuft das Wasser leise in die Badewanne, wenn man über den Wasserhahn einen Nylonstrumpf bindet, so daß das Wasser daran herunter läuft.*

☞ *Zuviel Schaum, entstanden durch zuviel Spülmittel oder Badezusatz, kann man mit Seife verringern.*

☞ *Beschlagene Spiegel im Bad? Reiben Sie den Spiegel mit Seife ein, und polieren Sie ihn mit Toilettenpapier. Danach beschlägt er nicht mehr.*

☞ *Saughaken kleben auf Kacheln bombenfest, wenn man sie vor dem Ansaugen mit Eiweiß bestreicht.*

☞ *Bei Handtüchern oben und unten Aufhänger annähen, damit die Tücher gleichmäßig benutzt werden.*

☞ *Saughaken halten auf Fliesen besser, wenn man die Saugfläche vorher mit Haarspray einsprüht.*

☞ *Handtuchaufhänger lassen sich leicht aus Gummiband herstellen.*

☞ *Die Hausapotheke* und Medikamente im allgemeinen dürfen nicht im Bad aufbewahrt werden, da die hohe Luftfeuchtigkeit den Arzneimitteln schadet.

☞ *Einen Schwamm* reinigt man, indem man ihn für einige Zeit in kaltes Wasser legt, dann ausdrückt und wieder in etwas Wasser legt, dem der Saft einer Zitrone beigefügt ist. Nach einiger Zeit den Schwamm ausdrücken, gründlich spülen und dann an der frischen Luft oder in der Sonne trocknen.

☞ *Naturschwämme* reinige man, indem man sie nach jedem Gebrauch gründlich mit klarem kaltem Wasser ausspült und einmal wöchentlich 24 Stunden lang in Salzwasser legt (125 Gramm Salz auf einen Liter Wasser). Anschließend in klarem kaltem Wasser nachspülen und an der Luft trocknen.

☞ *Tuben*, die sich nicht öffnen lassen, kurze Zeit in heißes Wasser halten.

☞ *Ist der Gesichtsschwamm* glitschig geworden, wasche man ihn bei der nächsten Wäsche bei 30 oder 90 Grad mit, und er wird wieder sauber.

☞ *Schmierige Gummischwämme* lege man einige Stunden in Essig und koche sie kurz in Salzwasser aus. Gut nachspülen.

☞ *Bürsten* halten länger, wenn man sie vor dem ersten Gebrauch in Salzlösung taucht und hängend trocknen läßt.

☞ *Bürsten und Kämme reinigt man in einer Mischung aus einem Teil Salmiakgeist und acht Teilen Wasser – mit klarem Wasser nachspülen.*

☞ *Bürsten und Kämme reinigt man mühelos mit Rasierschaum. Man lasse ihn kurz einwirken und spüle anschließend gründlich aus.*

☞ *Kämme, Bürsten, Glas und Schmuckstücke können gründlich und schonend mit Ammoniak gereinigt werden: ein Eßlöffel auf zwei Tassen Wasser – gut nachspülen.*

☞ *Harte Borsten werden wieder weicher, wenn man Milch und Wasser zu gleichen Teilen mischt und die Bürsten für einige Zeit hineinlegt.*

☞ *Neue Zahnbürsten stellt man vor Gebrauch einen Tag lang mit den Borsten ins Wasser; sie werden dadurch haltbarer.*

☞ *Alte Zahnbürsten verwende man zum Beispiel bei der Möbelpflege, um schwer zugängliche Stellen oder Verzierungen zu reinigen oder mit Möbelpolitur zu bestreichen.*

☞ *Seifenreste in Nagelbürsten mit kaltem Essigwasser entfernen.*

Großmutters Ratschläge für Möbel und Gardinen

☞ *Apfelessig* ist ein sehr gutes Möbelpflegemittel.

☞ *Möbelpolitur* kann man wie folgt selbst herstellen: Ein Drittel Terpentin, ein Drittel Leinölfirnis (aus dem Farbenfachgeschäft) und ein Drittel Essig gut miteinander mischen. Mit einem weichen Tuch auftragen und mit einem sauberen Lappen nachreiben.

☞ *Wasserflecken* auf dunkel gebeiztem Holz lassen sich gut mit einer Mischung aus Zigarettenasche und Butter oder Margarine entfernen. Man verteile die Masse mit einem feuchten Tuch, reibe sie ein und poliere nach.

☞ *Eine einfache Möbelpolitur* ist eine Emulsion, hergestellt aus je drei Eßlöffeln Essig und Öl. Zusätzlich mit einem Teelöffel Salz vermischt, erhält die Emulsion einen mehr reinigenden Charakter. Für dunkle Möbel eine Mischung aus Rotwein und Öl verwenden.

☞ *Brandflecke* auf Holztischen mit *Mayonnaise* bestreichen, 30 Minuten einwirken lassen und anschließend gut abreiben.

☞ *Holzflächen*, die spröde und verschmutzt sind, mit warmem *Bier* reinigen. Sie bekommen so wieder einen schönen Glanz.

☞ *Ränder auf Holztischen* lassen sich durch eine Mischung aus einem Teelöffel Butter, einem Teelöffel Mayonnaise und etwas Zigarettenasche entfernen. Die

Mischung auftragen, ungefähr fünf Minuten einwirken lassen, dann nachpolieren.

☞ Häßliche Flecke auf alten Eichenmöbeln lassen sich entfernen, wenn man die ganze Fläche mit feinem Schleifpapier abschmirgelt und dann mit Terpentin abreibt. Anschließend muß gelackt werden.

☞ Möbel aus rohem Holz werden weder sauer noch spröde, wenn man sie, nachdem sie völlig getrocknet sind, mit abgekochtem Leinöl tränkt.

☞ Möbel aus Nußbaumholz bleiben schön, wenn sie nach dem Staubwischen mit frischer Milch eingerieben werden. Hinterher gut nachreiben.

☞ Häßliche Wasserflecken oder Wasserringe auf Tischplatten und Anrichten entfernt man am besten, wenn man eine Mischung aus Kupfer und Zigarettenasche nimmt und sie mit einem feuchten Tuch einreibt. Wenn die Möbel poliert sind, hilft Einreiben mit Petroleum.

☞ Fingerabdrücke, Schmutz, Obstsaft usw. von polierten Möbeln mit einer Mischung aus Salmiakgeist, Spiritus und etwas Wasserstoffsuperoxyd entfernen.

☞ Eichenmöbel pflegt man, indem man sie mit hellem warmem Bier abreibt und mit einem Wollappen nachpoliert.

☞ *Kratzer* in Nußbaumoberflächen verschwinden, wenn man mit einem halbierten Walnußkern darüber reibt.

☞ Man reibe die Möbel mit einem Lappen ab, der in eine Mischung aus drei Teilen *Leinöl* und einem Teil *Spiritus* getaucht wurde. Mit einem Wolltuch kräftig nachpolieren.

☞ *Gebeizte Möbel* feucht abwischen und danach mit einem Lappen trockenreiben.

☞ Weiße Flecken auf hochglanzpolierten Möbeln, die von alkoholhaltigen Flüssigkeiten herrühren, durch Einreiben mit *Metallpolitur* entfernen.

☞ *Möbelkratzer* verschwinden, wenn man sie mit einer Mischung aus gleichen Teilen Essig und Öl betupft.

☞ Schöne alte Eichenmöbel kann man selbst auffrischen. Man nimmt ein hühnereigroßes farbloses Stück *Wachs* und kocht es mit ein bis zwei Eßlöffeln Zucker auf. Dann streicht man die Paste mit einem Pinsel auf das Eichenholz, läßt es trocknen und reibt dann mit einem weichen Tuch nach.

☞ Auf *Druckstellen* in Holz lege man über Nacht einen feuchten Schwamm oder Lappen, dann sind sie am nächsten Morgen verschwunden.

☞ *Wasserränder auf hellem Holz beseitigt man, indem man mit einer öligen Paranuß darüberreibt.*

☞ *Kratzer in rotem Mahagoniholz werden am besten mit Jodtinktur ausgebessert.*

☞ *Holzschubladen gleiten gut, wenn man die gleitenden Flächen (Bodenleisten und Seiten) mit Kerzenwachs oder Kernseife einreibt. Auch Einsprühen mit Teflon ist hilfreich.*

☞ *Schleiflackmöbel und weiße Türen reinige man mit dünner Seifenlösung, der ein Schuß Petroleum untergemischt wurde. Die Möbel und Türen glänzen dadurch auch ohne Polieren.*

☞ *Schwere Möbel kann man von der Wand abziehen, indem man unter die vorderen Beine Specksschwarten legt und das Möbelstück dann – natürlich nur auf glattem Boden – hervorzieht.*

☞ *Das Klavier stelle man nicht direkt an eine Wand und nicht an einen zugigen Platz, da es sich sonst leicht verzieht und dadurch verstimmt wird.*

☞ *Schwere Möbel lassen sich leichter rücken, soweit sie auf glattem Boden stehen, wenn man eine Scheibe einer rohen Kartoffel unter jeden Fuß legt.*

☞ *Sessel lassen sich geräuschlos rücken, wenn man unter die Sesselbeine kleine, aus alten Hüten hergestellte*

Filzscheiben klebt. Dadurch wird auch der Boden sehr geschont.

☞ Wenn man *Polstermöbel* putzt, soll man zuvor ein mit Essig befeuchtetes Tuch auflegen. Erstens wird dadurch weniger Staub aufgewirbelt, und zweitens werden die Farben aufgefrischt.

☞ *Samt* pflegt man richtig, indem man eine Bürste zuerst in kaltem Kaffee anfeuchtet und dann den Samt damit aufbürstet.

☞ Teppiche und Polstermöbel erhalten wieder frische Farben, wenn man sie mit *Essigwasser* abreibt.

☞ *Staubfrei klopfen* lassen sich Polstermöbel oder Teppiche, also auch in der Wohnung, wenn man ein feuchtes Tuch auflegt. Es hält den Staub fest.

☞ Möbel mit einem Überzug aus *Kord* reinigt man mit Sauerampfersud.

☞ Bei normaler Verschmutzung nehme man einfaches Essigwasser, um *Polstermöbel* zu reinigen. Bei hartnäckigem Schmutz ist Rasiercreme sehr wirkungsvoll.

☞ Mit einer Lauge aus *Feinwaschmittel*, einer Handvoll Salz und einem Schuß Essig bekommt man Polstermöbel und Teppiche am besten wieder sauber.

☞ Polstermöbel, die stark verschmutzt sind, reibt man am besten vorsichtig mit *Terpentin* ab.

☞ *Plüschpolster* sollen nicht geklopft werden, da sonst Druckstellen entstehen. Es genügt ein regelmäßiges Abbürsten.

☞ *Schmutzstellen* auf Möbelbezügen aus Baumwolle oder Leinen lassen sich mit einem weichen *Radiergummi* aus Kunststoff leicht entfernen.

☞ Wenn man *Möbelbezüge* wäscht, dann empfiehlt es sich, dem Spülwasser etwas Essig beizugeben. Das frischt die Farben auf.

☞ *Lederpolster* reinigt man am besten mit einem feuchten Tuch. Damit das Leder nicht brüchig wird, kann man es auch mit einer Mischung aus Essig und Leinöl im Verhältnis 1:2 einreiben.

☞ *Leder auffrischen* kann man mit lauwarmer Milch und Zitronenscheiben. Nach der Behandlung gut trockenreiben und später mit Leinöl sparsam einreiben.

☞ *Korbmöbel* bürste man mit einer schwachen *Kochsalzlösung* und spüle mit kaltem Wasser nach.

☞ *Korbmöbel* frischt man mit einem Brei aus *Salz* und *Essig* auf, dann klar nachspülen.

☞ *Holzflechtmöbel* vergilben weniger, wenn man sie mit warmem Salzwasser abwäscht. Damit sie aber nicht austrocknen, muß man sie hin und wieder mit Zitronenöl einreiben.

☞ *Korbmöbel aus Peddigrohr* werden durch Abwaschen und Bürsten mit Seife und Soda vom Schmutz befreit.

☞ *Rohrgeflecht* von Stühlen wird gestrafft, wenn man es von unten mit heißem Wasser abreibt und den Stuhl dann in Zugluft trocknen läßt.

☞ *Fingerabdrücke* auf gestrichenen Türen und lästige Flecken lassen sich leicht entfernen, wenn man die Türen mit einem weichen Tuch abreibt, auf das vorher Zahnpasta gegeben wurde. Die Farbe leidet dadurch nicht.

☞ *Weiße Türen, Fenster und Möbel* behandelt man mit *Schlämmkreide*, die, mit ein wenig warmem Wasser verrührt, aufgetragen wird. Dann mit einem Wolltuch nachpolieren.

☞ *Vergoldete Bilderrahmen* kann man von Zeit zu Zeit putzen, indem man sie mit einer rohen Kartoffel abreibt.

☞ *Vergoldete Rahmen* zum Auffrischen mit einer Mischung aus vier Teilen *Eiweiß* und einem Teil *Kochsalz* abbürsten.

☞ *Bilder* verrutschen nicht an der Wand, wenn man an alle vier Ecken auf der Rückseite Korkplättchen klebt.

☞ Um vergoldete Bilderrahmen zu reinigen, bestreiche man sie mittels Pinsel oder Schwamm mit Weinessig. Nach einigen Minuten wische man mit klarem Wasser nach und lasse den Rahmen an der Luft trocknen.

☞ Ein Ölgemälde frischt man auf, indem man es mit einer rohen Kartoffel abreibt.

☞ Ölgemälde reinigt man mit einem in warme Milch getauchten weichen Lappen, anschließend trocknet man es mit einem Seidentuch.

☞ Bilder- und Spiegelrahmen kann man mit lauwarmem Salmiakwasser reinigen und trocknen. Vergoldete Spiegel- und Bilderrahmen reinigt man am besten mit einem Wattebausch und Spiritus.

☞ Vergoldete Rahmen reinigt man mit einer Mischung aus einem Viertelliter Wasser und zwei Eßlöffeln Salmiakgeist mit einem sauberen Schwamm. Die Rahmen erhalten wieder einen neuen Glanz, wenn man sie mit einer Mischung aus Eiweiß und etwas Salz überpinselt.

☞ Ölgemälde werden schonend gereinigt, wenn man sie mit Brotkrumen abtupft (etwa alle drei bis vier Monate).

☞ Verschmutzte Ölgemälde mit einer halbierten Zwiebel reinigen, indem man die Oberfläche damit abreibt.

☞ Ist ein *Spiegel blind* geworden, behandelt man ihn mit einem essiggetränkten Tuch und poliert danach mit Wäscheblau.

☞ Blinde Spiegel mit *M a g n e s i a* bestreuen und mit einem spiritusgetränkten Lappen gut abreiben.

☞ Spiegel nicht dem grellen *S o n n e n l i c h t* aussetzen, da sich sonst Flecken bilden.

☞ Spiegel mit einer rohen *K a r t o f f e l h ä l f t e* sauber reiben, mit klarem Wasser nachwischen und mit Toilettenpapier oder Zeitungspapier trockenreiben.

☞ Glanz für das *T e l e f o n* bringt eine Reinigung mit Spiritus.

☞ Vergilbte Klaviertasten reibt man mit einem Wattebausch ab, den man mit verdünntem *S p i r i t u s (1:1)* anfeuchtet.

☞ *K l a v i e r t a s t e n* reinige man nicht mit Wasser, da sie dadurch vergilben. Man reinige die Tasten mit Alkohol, Terpentin oder einem Brei aus Benzin und Schlämmkreide.

☞ Auf Holz *festgeklebtes P a p i e r* nicht mit dem Messer abkratzen, sondern tropfenweise Speiseöl in das Papier einwirken lassen und mit einem weichen Tuch abreiben. Den Vorgang wiederholen, bis sich das Papier vollständig gelöst hat.

☞ Vergilbtes Elfenbein und Klaviertasten behandle man mit verdünntem Wasserstoffsuperoxyd.

☞ Vergilbtes Elfenbein läßt sich auch reinigen, wenn man es mit einem weichen, in Terpentin getauchten Lappen abreibt und es anschließend in der Sonne trocknen läßt.

☞ Hunde- und Katzenhaare entferne man mit feuchten Perlonstrümpfen.

☞ Den Docht von Petroleumlampen einige Stunden in Salzlösung legen und anschließend gut trocknen. Er rußt dann beim Abbrennen weniger.

☞ Lampenschirme aus Pergament putzt man am besten nur mit einem feuchten Tuch ohne alle Zusätze.

☞ Quietschende Bettfedern stören den Schlaf. Wenn man sie mit Möbelpolitur einreibt, ist das Quietschen beseitigt.

☞ Türschilder werden nicht blind, wenn man sie mit einer dünnen Schicht Schellack überzieht.

☞ Gartenschirme und Markisen, die undicht geworden sind, soll man auf der linken Seite mit Wasserglas bestreichen und trocknen lassen.

☞ Bastkörbchen für Blumentöpfe werden rasch unansehnlich, wenn nichts unternommen wird, um das vom Gießen überschüssige Wasser aufzunehmen. Deshalb zwischen den oberen Rand des Blumentopfes und des Körbchens einen Schaumgummistreifen schieben. Auf den Boden des Körbchens ein Stück Ölpapier oder Plastikfolie legen.

☞ Sollte man Felle in der Wohnung haben (Schaffelle ausgenommen), so reibe man sie ein- bis zweimal jährlich mit einem leicht petroleumgetränkten Tuch in Haarrichtung ab. Das schützt vor Haarschädlingen und beseitigt Staub und Schmutz, vor allem aber nimmt das Haar das Öl auf und lebt dadurch länger.

☞ Sind Wachskerzen für einen Leuchter zu dick, das untere Ende in warmes Wasser tauchen und zurechtdrücken.

☞ Kerzen brennen länger, wenn man sie vor dem ersten Gebrauch ein paar Stunden ins Gefrierfach legt.

☞ Kerzen leuchten heller, wenn man etwas Salz um den Docht herum streut. Sie brennen dann auch langsamer ab.

☞ Wachs auf Silberleuchtern oder anderen Metallleuchtern läßt sich leicht entfernen, wenn man sie für eine Stunde ins Gefrierfach legt.

☞ Wachs an Kerzenleuchtern aus Metall kratzt man nicht ab, sondern man wäscht es in heißem Wasser ab.

☞ *Kerzen* mit großem Durchmesser brennen vollständig herunter, wenn man etwas Zucker um den Docht streut.

☞ *Kerzen* tropfen nicht, wenn man sie eine Stunde lang in *Salzwasser* legt und anschließend an der Luft trocknet.

☞ *Kerzenwachs* auf glatten Oberflächen, wie etwa Kunststoff, Holz oder Glas, wird mit dem Haarföhn aufgeweicht und dann mit einem Löschblatt abgewischt.

☞ *Kerzen* brennen bis zum letzten Rest, wenn man vorher am unteren Ende eine *Korkscheibe* mit einer Stecknadel befestigt.

☞ *Kerzenreste* nicht wegwerfen, sondern zur *Eigenherstellung* von *Kerzen* verwenden. In eine zugeschnittene Plastikflasche einen ausreichend langen Docht hängen, an dessen unterem Ende ein Reißnagel befestigt wird. Das obere Ende wird um einen Zahnstocher gewickelt. Das gegebenenfalls nach Farben sortierte Wachs in einem alten Topf schmelzen und in die Form gießen. Nach dem Festwerden des Wachses Plastik und Zahnstocher entfernen.

☞ *Trockenblumensträuße* lassen sich leicht mit dem *Haarföhn* (auf die niedrigste Leistungsstufe einstellen) entstauben.

☞ Trockensträuße kann man aufmöbeln, indem man sie mit *Haarspray* besprüht.

☞ *Trockenblumen* bleiben lange schön, bewahrt man sie hängend auf.

☞ Nach dem Waschen hänge man die *Stores* feucht an die Fenster, damit sich keine häßlichen Falten und Knicke bilden.

☞ Großmutters *Gardinenweiß* besteht aus Magermilch oder einem Päckchen Backpulver. Gibt man es ins letzte Spülwasser, verhilft es Gardinen zu einem schönen Weiß.

☞ Von Zigarettenrauch *vergilbte Gardinen* über Nacht in lauwarmes Salzwasser legen und anschließend wie gewohnt waschen.

☞ *Vorhänge* und Übergardinen lassen sich leicht mit dem Staubsauger absaugen, ohne daß sich die leichten Gewebe festsaugen, wenn über die Düse grobmaschiger Gittertüll gespannt wird.

☞ *Rolladengurte* leben länger, wenn man sie ab und zu mit einer Kerze einreibt.

☞ *Marmorfensterbänke* mit farbloser Schuhcreme einreiben, eintrocknen lassen und anschließend polieren.

Großmutters Ratschläge für Fußböden und Teppiche

☞ Kratzer in Holzfußböden mit *Stahlwolle*, die zuvor in Bohnerwachs getaucht wurde, entfernen.

☞ *Knarrende Fußböden* „beruhigt" man, indem man Talkpuder in die Fugen streut.

☞ Altes Seidenpapier ist sehr gut zum *Bohnern* geeignet, da es sich nicht so mit Wachs vollsaugt wie ein Lappen. Zum Schluß kann man es zum Anheizen verwenden.

☞ *Holzfußböden* mit schwarzem kaltem Tee oder mit grüner Seife putzen.

☞ Helle Flecken in einem Holzfußboden kann man beseitigen, wenn man eine *braune Schuhcreme* unter das Bohnerwachs mischt und die hellen Stellen damit behandelt.

☞ Fettflecken im *Parkettfußboden* erst mit Stahlspänen ab- und dann mit Terpentin einreiben. Danach das Parkett wie üblich wachsen.

☞ Der *Fußboden glänzt*, wenn man dem Wischwasser eine halbe Tasse Weichspüler beigibt.

☞ *Linoleum* reinigt man mit dem Wasser von abgekochten Kartoffeln.

☞ Risse in Linoleum werden mit *Hartparaffin* ausgegossen.

☞ *Linoleum* wird wieder glänzend, wenn man es alle paar Wochen mit *Milch und Wasser*, zu gleichen Teilen gemischt, abreibt.

☞ Das *Brechen des Linoleums* verhindert man, wenn man Essig und Öl zu gleichen Mengen mischt und damit das Linoleum kräftig abreibt.

☞ *Schwarze Striemen von Gummisohlen* auf Fußböden entfernt man mit einem spiritusgetränkten Lappen.

☞ *Terrazzoböden* reinigt man mit Seifenwasser.

☞ Den *Grauschleier* auf gefliesten Böden entferne man mit Essig im Putzwasser.

☞ *Steinböden* in Küche und Bad reinigt man mit ziemlich starkem Salmiakwasser.

☞ *Marmorplatten* mit einer Zitronenschale, auf die etwas Salz gestreut wurde, reinigen. Marmorplatten nie mit Seife und Scheuermitteln reinigen.

☞ Alte Glanzschichten auf Fußböden lassen sich mit einem Schuß *Salmiakgeist* im Wischwasser entfernen.

☞ *Schimmel* vom Fußboden entfernt man, wenn man zuerst den Schimmel mit einem trockenen Lappen wegrubbelt und dann mit Terpentin nachreibt.

☞ *Fußböden lassen sich sehr gut mit Schmierseife putzen. Das Schmutzwasser über Blumen gießen, die dadurch gedüngt werden.*

☞ *Die Fußmatte rutscht nicht weg, wenn ein Stück Schaumgummi darunter gelegt wird.*

☞ *Bettvorleger oder Läufer, deren Ecken sich umbiegen, bestreiche man an den Ecken auf der Rückseite mit Leim. Wenn der Leim getrocknet ist, sind die Ecken hart geworden und biegen sich nicht mehr auf.*

☞ *Treppenläufer treten sich an den Kanten nicht so schnell durch, wenn man Zeitungspapier in drei bis vier Lagen unterlegt und an der Unterkante mit Reißnägeln befestigt. Auch gelegentliches Verschieben des Läufers hilft, damit immer andere Stellen an die Kanten kommen.*

☞ *Man klopft Teppiche nur von der linken Seite (Unterseite) und bürstet den Staub von der rechten ab. Um große Teppiche besser auf die Stange heben zu können, rollt man sie von zwei Seiten ein. Im Winter legt man den Teppich mit der rechten Seite auf den neugefallenen Schnee und klopft ihn so. Das frischt die Farben auf, und der Schmutz fliegt nicht umher. Im Sommer ersetzt ein taufeuchter Rasen den Schnee.*

☞ *In fußkalten Räumen legt man Zeitungen unter den Teppich. Das wärmte unseren Großmüttern schon die Füße.*

☞ *Zur Teppichsäuberung* und *Farbauffrischung* nimmt man folgendes Mittel: Einige rohe Kartoffeln reiben, mit kochendem Wasser überbrühen, zwei bis drei Stunden stehen lassen, dann fein durchseihen. Damit den Teppich abbürsten und abreiben. Stark verschmutzte Teppiche mit Sauerkraut belegen, aufrollen, 24 bis 48 Stunden einwirken lassen. Gut abbürsten, eventuell noch mit Kartoffelwasser abreiben.

☞ *Bei feuchter Teppichreinigung* die Metall- und Stahlmöbel auf Plastikunterlagen stellen, damit sie nicht (an beschädigten Stellen) zu rosten anfangen.

☞ *Urinflecke* die durch Babies, Hunde oder Katzen auf dem Teppich oder Teppichboden entstanden sind, entfernt man, indem man zuerst einmal mit Küchenkrepp oder Toilettenpapier die Nässe herauszieht. Dann soll man mit warmer Seifenlauge und Essig oder Zitrone nachbehandeln. Anschließend nimmt man ein mit Salmiak befeuchtetes Tuch und reibt noch einmal über die Stelle. Das nimmt den unangenehmen Geruch sicher weg.

☞ *Zur Fleckentfernung* auf einem Teppich kann man anstatt eines Trockenschaumreinigers auch Rasierschaum verwenden. Dann aber mit Wasser auswaschen.

☞ *Sind auf dem Teppich* oder auf dem Teppichboden Flecken entstanden, *Fleckenentferner* erst dann verwenden, wenn der Teppich trocken ist.

☞ *Teerflecke* auf dem Teppich lassen sich beseitigen, wenn man zuerst Terpentin auf den Fleck aufträgt, dann mit Benzol entfernt.

☞ *Tierhaare* auf Teppichen (z.B. von Hunden oder Katzen) entfernt man, indem man mit einem mit Spiritus befeuchteten Schwämmchen darübergeht.

☞ *Staub* unter Teppichen und Fußabkratzern beseitigt man, indem man Zeitungspapier unter den Teppich oder den Fußabstreifer legt. Man braucht dann das Zeitungspapier nur zusammenzuschlagen, um den Schmutz zu beseitigen.

☞ *Teppiche* leuchten schöner, wenn man zum Abbürsten der Teppiche etwas *Salzwasserlösung* verwendet.

☞ *Wachsflecken* auf dem Teppich werden mit 90prozentigem Alkohol befeuchtet und nach dem Trocknen ausgebürstet. Verbliebene Wachsreste werden jetzt entfernt, indem man ein Löschblatt oder ein Stück Zeitungspapier darauflegt und mit einem mäßig warmen Bügeleisen darüberfährt.

☞ *Teppiche* reinigt man sehr vorsichtig mit Salmiakwasser. Dabei darf der Teppich nicht zu naß werden, weil sonst die Farben verblassen. Kokosläufer werden wieder schön, wenn man sie mit Salz- oder Sodawasser abbürstet.

☞ *Teppiche* werden aufgefrischt, wenn man vor dem Staubsaugen *nasses Salz* darauf streut.

☞ *Rußflecken*, besonders auf dem Teppich, lassen sich mit Rasierschaum entfernen. Den Schaum auftragen und dann kräftig rubbeln.

☞ *Alleskleber* auf Teppichen mit Aceton entfernen.

☞ *Falten im Teppich* verschwinden, wenn man sie auf der Rückseite mit Wasser befeuchtet. Nach etwa einer Stunde von der Rückseite bügeln.

☞ Rollt sich der Teppich auf der Rückseite ein, wirkt man dem durch Bestreichen seiner Unterseite mit *Holzleim* entgegen. Es macht die Stellen hart, so daß sie sich nicht mehr einrollen können.

☞ *Druckstellen* im Teppich, die durch schwere Möbel verursacht wurden, beseitigt man, indem man über Nacht Eiswürfel darauflegt. Am Morgen ist das Eis geschmolzen, und die Teppichhaare sind wieder aufgerichtet.

☞ Druckstellen auf *Teppichen*, die durch Möbel verursacht werden, vermeidet man, wenn man den Teppich öfters umlegt. Dadurch wird auch der Teppich gleichmäßiger abgenutzt.

☞ Die *Fransen des Teppichs* lassen sich am besten mit einem Kamm in Reih und Glied bringen.

☞ Teppichfransen braucht man nicht zu kämmen, wenn man von unten einen durchsichtigen Klebestreifen anbringt. Dann bleiben die Fransen lange glatt.

☞ Teppiche, Läufer und Vorleger werden geschont, wenn man Schaumgummi darunterlegt. Außerdem werden sie dadurch weich, wärmend, schalldämpfend und verrutschen nicht.

☞ Die Lebensdauer des Teppichs wird verlängert, wenn man unter den Teppich alte Decken legt.

☞ Im Winter bleiben die Räume wärmer, wenn man unter die Teppiche eine Schicht Zeitungspapier legt.

Großmutters Ratschläge
für Heizungen und Kamine

☞ Wirft man ab und zu eine Handvoll rohe Kartoffelschalen auf die Glut, reinigt das den Ofen samt Rohren vom Ruß. Ofentüre unbedingt sofort schließen.

☞ Rostige Eisenteile an Öfen und Herden reibe man mit heißem Öl ab.

☞ Bevor man den Ofen reinigt, Hände und Unterarme mit Schmierseife einreiben. Der Ruß läßt sich hernach leichter abwaschen.

☞ Alle 14 Tage reibt man die Herdplatten dünn mit Vaseline ein, um sie vor Rost zu schützen.

☞ Verschmutzte Gasbrenner lassen sich sehr gut mit Essig reinigen. Man lege die Brenner über Nacht hinein, reibe sie am Morgen ab und spüle sie gut nach.

☞ Staubfrei läßt sich die Asche aus dem Ofen entfernen, breitet man ein feuchtes Tuch über den Aschenkasten.

☞ Öfen und Herde, Messer und anderes Metall werden mit Hilfe einer rohen Zwiebel vor Rostansatz geschützt. Regelmäßig auftragen!

☞ Ofenrohr und Ofen sehen wie neu aus, wenn sie mit einer Speckschwarte gereinigt werden.

☞ Die Rußbildung im Ofen wird stark vermieden, wenn man das Holz vor dem Anzünden reichlich mit Salz bestreut.

☞ *Spirituskocher* dürfen nicht nachgefüllt werden, wenn sie heiß sind oder gar noch brennen; es besteht die Gefahr einer Stichflamme oder Explosion.

☞ *Glasierte Kachelöfen* sollen nur mit nassen Tüchern abgewischt werden, wenn sie kalt sind, ansonsten springt die Glasur.

☞ Die *Fugen* von Kachelöfen reinige man von Zeit zu Zeit mit Milch, damit sie weiß bleiben.

☞ Die Wirkung von *Heizkörpern* wird verstärkt, wenn man die Wand hinter dem Heizkörper mit Alufolie und einem doppelseitigen Klebeband verkleidet. Auch das Dahinterlegen von Styroporplatten hilft Heizkosten sparen.

☞ Heizkörper in der kalten Jahreszeit wöchentlich mit *Seifenwasser* reinigen, damit sich der Staub nicht einbrennt.

☞ Heizkörper mit dicken *Farbschichten* geben weniger Wärme ab, da die Farbe isoliert. Man sollte die Farbschichten abbeizen und den Heizkörper dünn streichen oder besser spritzen, damit er seine volle Leistung bringen kann.

☞ Die Heizkörper der *Zentralheizung* jede Woche feucht abwischen, damit Schmutz und Staub sich nicht festsetzen und verbrennen, was zu Rußflecken und zu schlechter Luft führt.

☞ *Zum Anheizen* lassen sich alte *Flaschenkorken*, die man in altes Petroleum gelegt hat, verwenden.

☞ *Zum Anheizen* lassen sich sehr gut getrocknete Apfelsinen- und Zitronenschalen verwenden.

☞ *Ein erlöschendes Feuer* läßt sich wieder entfachen, wenn getrocknete Apfelsinenschalen daraufgelegt werden.

☞ *Die Glut* in Herd und Ofen bleibt erhalten, wenn man getrocknete Kartoffelschalen daraufwirft.

☞ *Wenn Kohlenfeuer* nicht hell aufflackern soll, legt man eine Handvoll Salz auf die Kohlen. Die Kohlen verbrennen dann um mehr als die Hälfte langsamer.

☞ *Funken* sprühen nicht mehr aus dem Kamin ins Zimmer, wenn man die Holzscheite mit der Sägefläche nach vorne schichtet.

☞ *Ein Feuer* wird neu entfacht, wenn man *Salz* daraufstreut. Auch beim Anheizen ist Salz eine gute Hilfe.

Großmutters Ratschläge
fürs Tapezieren

☞ So bekommt man die *alten Tapeten* problemlos, preiswert und schnell von den Wänden: Warmes Wasser und einfachen Essig zu gleichen Teilen vermischen. Dann die Lösung mit einem Schwamm auf die Tapeten geben und gut nässen. Nach kurzer Zeit lassen sie sich leicht abziehen.

☞ Steckt man beim Tapezieren Zahnstocher in die *leeren Löcher* oder Dübel, so sind die Löcher anschließend leicht wiederzufinden.

☞ Um beim Tapezieren die Tapete nicht durch einen *Nagel* zu zerreißen, der in der Wand ist, schneidet man die Tapete an der Stelle mit einer Rasierklinge kreuzweise ein.

☞ *Schimmel* an Tapeten läßt sich mit fünfprozentiger Salicyllösung abwaschen.

☞ Leichte Flecken auf Rauhfasertapeten, z. B. Fingerabdrücke, lassen sich leicht mit einem *Radiergummi* aus Kunststoff entfernen.

☞ Alte Tapeten kann man mit einem Gemisch aus *Wasser* und einigen Löffeln *Schmierseife* ablösen.

☞ Während des *Tapezierens* und kurze Zeit danach halte man die Fenster geschlossen, damit die Tapete nicht abplatzt.

☞ *Die Tapete löst sich nicht ab, wenn man dem Stär-*
kekleister etwas T e r p e n t i n beifügt.

☞ *F e t t f l e c k e auf Tapeten lassen sich mit Löschblatt*
und Bügeleisen entfernen oder mit einem benzingetränk-
ten Wattebausch.

☞ *Kleine Nagellöcher in den Wänden kann man mit*
Z a h n p a s t a „verputzen".

☞ *Um Tapeten zu r e i n i g e n, nimmt man einen mit*
Weizenkleie bestreuten, trockenen Schwamm oder einen
trockenen Gummischwamm und reibt die Tapete strich-
weise ab.

☞ *F e u c h t e W ä n d e behandelt man wie folgt: Nach*
Entfernen der Tapeten bestreicht man die Wände zuerst
mit einer heißen Lösung aus etwa 50 Dekagramm Kernsei-
fe und acht Litern Wasser. Die Lösung läßt man etwa zwei
Tage an der Luft trocknen und wiederholt dann das Ver-
fahren mit einer Lösung aus 100 Gramm Alaun und acht
Litern Wasser. Bevor man dann tapeziert oder streicht,
müssen die Wände aber gründlich getrocknet sein.

☞ *S c h i m m e l auf der Tapete kann mittels eines sau-*
beren (weißen) Radiergummis wegradiert werden, ohne
daß dabei die Tapete beschädigt wird.

☞ *Ein N a g e l zerstört die Tapete nicht, wenn man, be-*
vor er eingeschlagen wird, die Tapete an der betreffenden

Stelle mit einem scharfen Messer kreuzweise einritzt und die Ecken auseinanderbiegt. Wird später der Nagel entfernt, läßt sich das Loch mit den Tapetenecken überkleben.

☞ Tapeten über der Heizung verschmutzen nicht so schnell, wenn die Heizkörper darunter öfter mit einem feuchten Tuch abgewischt werden.

☞ Verschmutzte Mauern, die neu gestrichen werden müssen, werden wieder weiß, wenn man dem Kalk etwas Kuhmist beifügt.

☞ Fettflecken auf Papier, z.B. auf Tapeten oder in Büchern entferne man mit der krümeligen Masse aus gebrannter Magnesia und Benzin. Die Mischung auftragen, trocknen lassen und abbürsten.

☞ Den gefährlichen Hausschwamm bekämpft man mit Petroleum. In hartnäckigen Fällen mit starker Borsäurelösung.

☞ Bevor der Maler kommt, alle Türklinken, Scharniere und sonstigen Beschläge mit Vaseline einreiben. Das spart viel Zeit beim Putzen.

☞ Kleine Schadstellen auf weißen Tapeten, Fensterrahmen oder Heizkörpern werden mit flüssigem Tipp-Ex ausgebessert. Das deckt sehr gut und ist wisch- und waschfest.

☞ *Farbspritzer* auf Glasscheiben lassen sich leicht beseitigen, wenn man sie mit Kupferkönige abreibt oder mit einer Rasierklinge abkratzt.

☞ *Beim Lackieren* von Glastüren oder Fenstern empfiehlt es sich, vor dem Anstrich die Ränder der Glasscheiben mit einem *Klebestreifen* abzudecken. Nach dem Lackieren kann das Klebeband problemlos entfernt werden, und die Glasscheiben sind frei von Lackrückständen.

☞ *Ölpinsel*, die am nächsten Tag wieder benutzt werden, brauchen nicht gereinigt zu werden, man stellt sie nur in kaltes Wasser.

☞ *Weiße Farbe* kann man wie folgt vor dem *Vergilben* bewahren: Einen Tropfen schwarzer Farbe in jede gute weiße Farbe rühren.

☞ *Beim Verschließen* einer *Salmiakflasche* sollten Sie folgendes beachten: Der Salmiak zerstört den Naturkorken, deshalb wird er vor Gebrauch in flüssiges Stearin getaucht.

☞ *Grünspan* beseitigt man mit stark verdünntem Salmiakgeist.

☞ *Alte Nägel* werden wieder besonders schön, wenn man sie mit warmem Bier abwäscht.

☞ *Glaserkitt* wird wieder weich, wenn man ihn mit Petroleum bestreicht oder in Petroleum legt. Nach einigen Stunden ist der Kitt wieder weich.

☞ *Glas* kann man mit verdünntem Wassergeist, dem man etwas Zinkweiß zusetzt, undurchsichtig machen. Dann gleichmäßig anstreichen.

☞ *Fensterscheiben*, die undurchsichtig werden sollen, überstreiche man mit einer Mischung aus einem Glas Weißbier und einer Handvoll Kochsalz. Zur Entfernung des Anstrichs wasche man die Scheibe mit Sodawasser ab.

☞ *Matte Fensterscheiben* erzielt man, wenn man sie von der Innenseite mit einer dünnflüssigen Lösung aus Schlämmkreide und Milch bestreicht. Diese Lösung haftet und läßt die Sonnenstrahlen nicht durch. Denselben Zweck erfüllt ein Anstrich mit Firnis. Die Schlämmkreide läßt sich einfach mit Wasser, Firnis mit Terpentin entfernen.

☞ *Gips* wird langsam hart, wenn man Wasserglas dazugibt. Gips wird schnell hart, wenn man Salz zugibt.

☞ *Farbanstriche* auf *Glas* entfernt man mit Salmiakgeist oder Schmierseife.

☞ *Ölfarbpinsel*, die verhärtet sind, werden wieder brauchbar, wenn sie einige Zeit in Karbolineum gelegt werden.

☞ *Farben* kann man von Glas lösen, wenn man den Farbanstrich mit *Salmiakgeist* einreibt. Wenn man

*dasselbe mit Schmierseife macht, wird zudem der An-
strich der Holzteile geschont.*

☞ *Ölfarbe bleibt länger streichfähig, wenn sie in ih-
rem Behälter mit Wasser übergossen wird.*

☞ *Gips trocknet schneller, wenn man ihn mit warmem Wasser anrührt. Man gibt ihn ins Wasser, nicht um-
gekehrt.*

☞ *Ölfarbpinsel soll man nach dem Gebrauch mit
Terpentin reinigen und in Wasser stellen, da sie sonst hart
werden. Verhärtete Ölfarbpinsel weichen wieder auf,
wenn man sie ein paar Tage in Terpentin oder auch in
Karbolineum legt.*

Großmutters Ratschläge
für Fenster und Türen

☞ **Fensterrahmen** streiche man von außen mit Öl, das stößt den Regen ab, und man braucht sie nur alle fünf Jahre zu streichen.

☞ **Gleiten Rolläden** schlecht, reibe man die Laufschiene mit Bohnerwachs ein.

☞ **Fenster und Türen** kann man wie folgt **abdichten**: Man klebe einen Schaumgummi- oder Filzstreifen in den Tür- bzw. Fensterfalz. Die Streifen gibt es als Meterware zu kaufen.

☞ **Klemmende Fenster** müssen nicht immer abgeschliffen werden, häufig genügt es, sie mit Fett oder Wachs einzureiben.

☞ **Fensterscheiben** laufen weniger an, wenn man sie mit konzentrierter **Waschmittellösung** abwischt.

☞ **Das Beschlagen,** Schwitzen und Gefrieren der **Fenster** muß nicht sein, wenn man diese an der Innenfläche mit einem Gemisch aus 25 Gramm Glyzerin und 60 Prozent Spiritus einreibt.

☞ **Blinde Fensterscheiben** mit Brennesseln abreiben oder mit einem Wolltuch reinigen, das man mit Olivenöl getränkt hat.

☞ Eine Blumenspritze (Zerstäuber) halb mit Wasser und halb mit Spiritus füllen und die **vereisten Scheiben** ansprühen. Einige Sekunden einwirken lassen und mit dem Gummi des Fensterputzers wegwischen.

☞ *Eisblumen* am Fenster lassen sich verhindern, wenn man bei starkem Frost dem Putzwasser eine halbe Tasse Spiritus oder Frostschutzmittel beigibt.

☞ Fenster vereisen und beschlagen nicht, wenn man diese mit einer Mischung aus einem halben Liter Wasser und 30 Gramm *Glyzerin* gut abreibt.

☞ Gefrorene Fensterscheiben wasche man mit einer starken *Kochsalzlösung* ab und reibe sie trocken nach.

☞ Am Fensterbrett festgefrorene Rolläden taut man ganz schnell mit dem *Föhn* auf.

☞ Gefrorene Fenster kann man auftauen, wenn man sie mit einem in *Spiritus* getauchten Lappen abreibt.

☞ Schwergängige *Schlösser* werden mit Graphit geschmiert, denn Öl verharzt und verklebt nur die Mechanik.

☞ Rostige *Schlüssel* längere Zeit in Terpentin legen und dann den Rost abreiben. Dreht der Schlüssel schwer im Schloß, reibe man ihn mit Paraffin oder Graphitpuder, jedoch nicht mit Öl ein.

☞ *Knarrende oder quietschende Türen mit Vaseline einschmieren und nicht mit Öl, da es rasch austrocknet.*

☞ *Einen abgebrochenen Schlüssel entfernt man aus dem Schloß, indem man die Bruchstelle mit Sekundenkleber bestreicht, das Teil wieder ins Schloß steckt und an das abgebrochene Stück andrückt. Nach einer Weile kann man den Schlüssel vorsichtig herausziehen.*

☞ *Türschlösser vor Vereisung zu schützen, geschieht am einfachsten, indem man sie mit einem Streifen Heftpflaster überklebt.*

Großmutters Ratschläge
zum Basteln und Verpacken

☞ Wenn man *Ostereier* färbt, erzielt man mit einem Tee aus gekochten Zwiebelschalen einen schönen Braunton.

☞ *Papier* klebt gut auf Metall, wenn man das Metall vorher mit etwas Zwiebelsaft abreibt.

☞ Wenn Kinder basteln, sollten sie anstelle von Klebstoff, der ja teilweise Dämpfe ausströmt, angerührten *Tapetenkleister* benutzen. Diese Methode ist außerdem sparsam, da der Kleister in der Regel ergiebiger ist als Klebstoff.

☞ Geht eine Tube nicht auf, dann stecke man den *Tubenkopf* in kochendes Wasser.

☞ *Gelatine*, in etwas Essig aufgelöst, ist ein guter Klebstoff für Holz, Glas und Porzellan.

☞ *Wasserglas* ist ein hervorragender Klebstoff für Glas, Porzellan und viele andere Materialien.

☞ *Gummiarabikum* und ähnliche Klebstoffe trocknen leicht ein. Man vermeidet dies, wenn man ein Stückchen Kampfer in das Gefäß legt.

☞ *Leere Waschpulvertrommeln*, mit Tapetenresten überzogen, ergeben oft hübsche, vielseitig verwendbare Behälter wie Blumenübertöpfe und Papierkörbe oder dienen zum Aufbewahren von Spielsachen.

☞ *Alte Dübel* können mit einem Korkenzieher aus der Wand gedreht werden.

☞ Wenn eine *Schraube* locker sitzt, umwickelt man sie einfach mit einem Nähfaden. Dann hält sie bombenfest.

☞ *Große Nägel* lassen sich besser in die Wand einschlagen, wenn man sie vorher mit Seife einreibt.

☞ *Nägel in hartes Holz* zu treiben wird einfacher, wenn man sie vorher in Speck oder Seife taucht.

☞ *Eisennägel* schützt man vor Rost, indem man sie glühend in kaltes Öl wirft.

☞ *Tintenstifte* sind giftig und gehören nicht in die Hände von Kindern, die sie leicht in den Mund stecken.

☞ *Eiweiß* ist ein guter Briefverschluß, da selbst Wasserdämpfe diesen nicht aufzulösen vermögen.

☞ Dickflüssige oder eingetrocknete *Tinte* wird nicht durch Wasser, sondern mit Essig wieder gebrauchsfähig.

☞ Auch über Wasserdampf lassen sich Briefe nicht öffnen, wenn die Klebeschicht mit farblosem *Nagellack* bestrichen wird.

☞ *Verblichene Handschriften* werden wieder aufgefrischt, wenn man die betroffenen Stellen mit einer Lösung aus eisenvitriolgetränktem Fließpapier belegt.

☞ *Papier* kann man *wasserdicht* machen, wenn man Schellack in einer Boraxlösung auflöst und damit gutes, satiniertes Papier beidseitig tränkt.

☞ Eine alte Rasierklinge, in einen Kork gesteckt, ist ein gutes *Trennmesser*.

☞ *Pakete* lassen sich besonders stabil verschnüren, wenn man das Packband vor dem Zubinden in warmem Wasser badet. Beim Trocknen zieht sich das Band zusammen und hält schön fest.

☞ *Bindfaden* wird unzerreißbar, wenn man ihn einen Tag lang in Alaunwasser legt.

☞ *Zusammengeklebte Briefmarken* lege man einfach ins Gefrierfach. Danach lassen sie sich ganz einfach voneinander lösen, ohne daß die Gummierung beeinträchtigt wird.

☞ *Klebestreifen* an Geschenkpapier kann man mit dem Bügeleisen entfernen. Nachdem man darüber gebügelt hat, kann man die Klebestreifen abziehen.

☞ *Klebeetiketten* lassen sich mühelos entfernen, wenn man sie mit einem Föhn erwärmt. Sogar Bücher und Schallplatten bleiben dabei unbeschädigt.

☞ *Aufkleber* werden schonend – besonders von Kunststoffbehältern – auf folgende Weise entfernt: Das

Papier abziehen oder mit Wasser auflösen und abziehen. Die zurückgebliebene klebrige Stelle mit Öl einweichen und mit einem ölgetränkten Wattebausch abreiben.

☞ Aufkleber von Kunststoffoberflächen mit Nagel-lackentferner abnehmen.

☞ Von Flaschen, Einmachgläsern und Marmeladeglä-sern lassen sich Etiketten leicht lösen, wenn man sie kurz über eine offene Flamme hält.

☞ Aufkleber auf lackierten Metallflächen bestreicht man mit Öl, nach einiger Einwirkzeit lassen sie sich vorsichtig ablösen.

☞ Paketaufschriften schützt man durch Über-streichen mit farblosem (Nagel-) Lack.

Großmutters Ratschläge zur allgemeinen Reinigung

☞ *Abgespielte Schellackplatten* klingen wieder, wenn man sie mit Öl abwischt.

☞ Zur Reinigung der *Waschmaschine* hin und wieder einen leeren Spülgang laufen lassen und dem Wasser einen Liter Essig hinzugeben. Das hält die Trommel und den Heizstab kalkfrei.

☞ Eine stets kalkfreie Waschmaschine bekommt man automatisch durch Benutzen von verdünnter *Essigessenz* statt des Weichspülers.

☞ *Kalk* am Heizstab der Waschmaschine läßt sich durch eine Tasse Essig, regelmäßig in den letzten Hauptwaschgang gegeben, sehr gut verhindern.

☞ *Leitern* rutschen auf glattem Boden nicht weg, wenn man ein Stück rauhen Gummi unter den Füßen anbringt.

☞ Sind *Horn-* oder *Zelluloidgegenstände* krumm geworden, so lege man sie kurz in heißes Wasser und biege sie danach wieder in ihre ursprüngliche Form.

☞ Zerbrochenes Zelluloid läßt sich mit *Aceton* kitten.

☞ Hart gewordene *Gartenschläuche* aus Gummi legt man in eine Mischung aus einem Drittel Salmiakgeist und zwei Dritteln Wasser, damit sie wieder geschmeidig werden. Undichte Stellen lassen sich wie Fahrradschläuche reparieren: die undichte Stelle mit Sandpapier aufrauhen und ein Stück Gummi darüberkleben.

☞ Der Gartenschlauch bleibt geschmeidig, auch über den Winter hinweg, wenn man nach dem letzten Gebrauch etwas Glyzerin durchlaufen läßt. Kühl aufbewahren.

☞ Undichte Gartenschirme und Markisen bestreiche man auf der linken Seite mit Wasserglas.

☞ Ein preiswertes Schmiermittel ist der Bleistift, der zudem immer zur Hand ist. Zum Beispiel eignet er sich als Schmiermittel für die Angeln einer quietschenden Tür. Dazu die Tür anheben und die Angel „anmalen".

☞ Putzlappen, mit Terpentin, Öl oder Benzin getränkt, entzünden sich sehr leicht. Daher entferne man sie nach Gebrauch sofort.

☞ Petroleum oder Spiritus dürfen nicht zum Anheizen verwendet werden. Auch darf man diese Flüssigkeiten nie in offene Flammen, auf Glut oder Glimmendes gießen, da die dabei entstehenden Stichflammen sehr gefährlich sind.

☞ Gummi jeder Art bleibt frisch und elastisch, wenn man ihn mit Glyzerinwasser behandelt.

☞ *Undichte Gummihandschuhe* bestreicht man mit in Spiritus aufgelöstem Kolophonium. Nach jedem Gebrauch mit Wasser reinigen und an der Luft trocknen lassen, gelegentlich mit Glyzerin einreiben.

☞ *Gegenstände aus Gummi* halten oft jahrelang, wenn man sie an einem kühlen Ort aufbewahrt.

☞ *Kleine Glassplitter*, die der Besen nicht mitgenommen hat, „hebe" man mit einem feuchten Lappen auf.

☞ *Verlorene kleine Gegenstände*, wie z.B. Schmuck oder Kontaktlinsen, lassen sich wiederfinden, wenn man über die Saugbürste des Staubsaugers einen Nylonstrumpf spannt: Die Gegenstände bleiben im Strumpf hängen.

☞ *Zelluloid* läßt sich kitten, wenn man die Bruchstellen einige Zeit in Essigsäure taucht und zusammengebunden trocknen läßt.

☞ *Scheren* schärft man, indem man mehrfach in feines *Sandpapier* schneidet.

☞ *Stumpfe Scheren* werden wieder scharf, schneidet man mit ihnen mehrmals in *Alufolie*.

☞ *Scheren und Werkzeuge* reinige man mit einem Brei aus einer kleinen Tasse Kleie, einem Teelöffel Salz, zwei Löffeln Essig und heißem Wasser. Werkzeug gut einreiben, mit Wasser nachspülen und abtrocknen.

☞ *Dem Keller* kann man die Feuchtigkeit entziehen, wenn man dort etwas ungelöschten Kalk aufbewahrt.

☞ *Heizöl*, das im Keller ausgelaufen ist, mit Waschmittel aufsaugen.

☞ *Ölflecke* im Keller oder auf dem Garagenboden mit Sägemehl oder Katzenstreu aufsaugen.

☞ *Farnkraut* ist stark fäulniswidrig: Werden die Kellerregale damit ausgelegt, hält sich gelagertes Obst und Gemüse viel länger.

☞ *Feuchte Raumluft* wird vermieden, wenn man ein Gefäß mit frisch gebranntem Kalk aufstellt. Sobald die Kalkstücke zu Pulver verfallen, muß der Kalk erneuert werden.

☞ *Ist der Keller feucht,* streue man *ungelöschten Kalk* aus; der zieht die Feuchtigkeit auf.

☞ *Eingefrorene Wasserleitungen* aufzutauen gelingt meistens, wenn man um das Leitungsrohr eine Schicht ungelöschten Kalk legt, es mit Stroh umwickelt und dann Wasser daraufgießt. Die durch das Löschen des Kalkes erzeugte Hitze wird in den meisten Fällen genügen, um das Rohr aufzutauen.

☞ *Flaschenhälse* schneidet man wie folgt auf: Man taucht einen Wollfaden in Terpentinöl, achte aber darauf, daß kein Öl herunterläuft, binde den Faden um den Flaschenhals und zünde den Faden an der entgegengesetzten Seite an. Ist er ganz abgebrannt, so tauche man die noch heiße Flasche schnell in einen Eimer mit kaltem Wasser. Der Hals wird dann glatt abgeschnitten sein.

☞ Ein Heizkissen darf nie unbeobachtet eingeschaltet sein, also nie beim Einschlafen eingeschaltet bleiben, da dadurch leicht Brände entstehen.

☞ Verschossene schwarze Regenschirme frischt man durch Abreiben mit Spiritus auf.

☞ Regenschirme werden zum Trocknen halb aufgespannt aufgestellt. Ein paar Tropfen Öl verhindern, daß die Stangen rosten.

☞ Schirme stellt man ungerollt, mit dem Griff nach unten, in den Schrank.

☞ Seife und Kerzen sind gut ausgetrocknet am besten zu verwenden. Deshalb ist es gut, immer einen größeren Vorrat davon zu halten.

☞ Fenster oder Fassaden werden bei heftigem Regen oder beim Gießen nicht durch Spritzer verschmutzt, wenn man eine dünne Schicht Kies oder Blähton auf die Blumenkastenerde aufbringt.

☞ Gewürzsträuße duften wieder wunderbar, nachdem sie über Wasserdampf gehalten wurden.

☞ *Die gummierten Stellen von H a k e n für Gardinen, Waschlappen usw. kurz föhnen, dann fallen sie auch bei größerem Gewicht nicht so schnell herunter.*

☞ *Um B u c h s t ü t z e n am Wegrutschen zu hindern, klebt man dünne Streifen Schaumstoff darunter.*

☞ *P e t r o l e u m l a m p e n leuchten heller, streut man etwas Salz ins Petroleum.*

☞ *B a t t e r i e n halten länger, wenn man sie im Kühlschrank lagert.*

☞ *S c h i m m e l f l e c k e auf Leder beseitigt man mit Holzessig. Danach das Leder gut einfetten.*

☞ *S i l b e r s c h m u c k, der auf Kleidern oder auf der Haut schwarz abfärbt, mit einer feinen Schicht farblosem Lack überziehen.*

☞ *Füllt man den A s c h e n b e c h e r zur Hälfte mit Sand, glimmen Zigarettenreste nicht nach.*

☞ *Eine knarrende H o l z t r e p p e reibe man mit farbloser Schuhcreme statt mit Bohnerwachs ein, und das Knarren wird aufhören.*

☞ *Statt Streusalz können im Winter glatte G e h - s t e i g e auch mit Sand, Splitt, Granulat, Katzenstreu, Asche (aber nicht aus der Ölheizung) und Sägespänen gestreut werden.*

☞ *Schnee* klebt nicht an der Schaufel, wenn die Schneeschaufel mit flüssigem Wachs überzogen wird.

☞ *Bei festsitzenden Verschlüssen* von Tuben und Gläsern das Gefäß eine Weile mit dem Verschluß in heißes Wasser tauchen.

☞ *Emaille* springt nicht ab, wenn man den Gegenstand vor dem ersten Gebrauch mit Wasser auskocht.

☞ *Eingetrocknete Schuhcreme* oder Bohnerwachs wird wieder weich, wenn man einige Tropfen Milch oder Terpentinöl dazugibt oder die Dose in ein heißes Wasserbad legt.

☞ *Schuhabsätze* bekommen keine Kratzer, wenn sie von Zeit zu Zeit mit farblosem Nagellack bestrichen werden.

☞ *Wollstrümpfe* eignen sich sehr gut zum Polieren der Schuhe.

☞ *Wildlederschuhe* lassen sich mit folgendem Mittel pflegen: jeweils 15 Milliliter Weingeist und Obstessig sowie 70 Milliliter Wasser miteinander verrühren und in eine Sprühflasche geben. Die Schuhe einsprühen, trocknen lassen und mit einer Bürste aufrauhen.

☞ *Straßenschuhe* werden wasserdicht, wenn man eine Flasche mit Benzin halb füllt und soviel feingeschnit-

tenes weißes Paraffin hineingibt, wie sich darin auflöst. Mit dieser Lösung bestreicht man den ganzen Schuh mit einem weichen Pinsel, bis der Schuh keine Flüssigkeit mehr annimmt.

☞ *Schrille Glocken werden gedämpft, wenn man einen Streifen Löschpapier um sie wickelt.*

*Gutes von Gestern
für ein besseres Heute !*

Großmutters Geheimnisse

Alle 2 Monate neu !

Erhältlich überall dort, wo es
Zeitschriften und Bücher gibt.